北陸応援の旅
パーフェクトガイド

INDEX

表紙：開業初日（2024年3月16日）の敦賀駅新幹線ホーム。
撮影：朝倉健介

北陸新幹線開業直後の敦賀駅。嶺南地方の拠点敦賀市の玄関駅としてさらなる発展が期待される。
2024年3月17日　写真：高橋茂仁　※地元自治体の許可を得てドローン撮影。

2024年3月16日、北陸新幹線金沢〜敦賀間が待望の延伸開業を果たした。これにより首都圏はもとより各地からのアクセスは飛躍的に向上し、地域の経済や文化に計り知れない好影響が見込まれている。同日には福井・石川・富山・新潟の4県では、空前の規模で実施される観光支援策「北陸応援割」も開始され、北陸地方にはかつてない熱視線が注がれている。

今こそ北陸へ！

福井
FUKUI

東尋坊

若狭小浜 恵のひまわり畑

山海の美しさが溶け合うまほろば

一乗谷朝倉氏遺跡 復原町並

山代温泉古総湯

加賀百万石の栄華は今なお健在

兼六園

石川
ISHIKAWA

白米千枚田

北アルプスに抱かれし肥沃の地

あさひ舟川

富山
TOYAMA

雨晴海岸

富岩運河環水公園を行く
「富岩水上ライン」

新潟
NIIGATA

長岡花火

高浪の池と明星山

新潟市街地と信濃川

豊かな大地に育まれた食の王国

北陸エリア 観光スポット MAP

白米千枚田

のとじま水族館

ますのすしミュージアム

雨晴海岸

金沢21世紀美術館

松井秀喜ベースボール
ミュージアム

金沢

富山

小松

東尋坊

加賀温泉

芦原温泉

芦原温泉

北陸新幹線

富山県

石川県

福井

五箇山

越前たけふ

福井県

砺波チューリップ公園

三方五湖

山代温泉

敦賀

福井県立恐竜博物館

一乗谷城跡

史跡佐渡金山

北方文化博物館

新潟

弥彦神社

燕三条

高田城址公園

糸魚川

新潟県

上越妙高

長岡

浦佐

上越新幹線

越後湯沢

ガーラ湯沢

立山黒部アルペンルート

北陸エリア＝新潟県・富山県・石川県・福井県には、ぜひ訪れてみたい
観光スポットが目白押しだ。各県で特に人気の観光スポット・ベスト5
をマップ上に示す。旅行プラン検討のご参考まで。

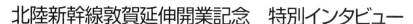

全国の均衡ある発展を

フォークデュオ「あのねのね」のボーカル・ギターとして1973（昭和48）年にデビューして以来、マルチな才能をフルに発揮しながら芸能界で活躍を続ける清水国明さん（福井県大野市出身）。3月16日に延伸開業を果たした北陸新幹線や能登半島地震の震災復興について、清水さんのご感慨・お考えをお話いただいた。

多彩な才能でマスコミの寵児となった清水さん。多忙な生活の傍ら瀬戸内の無人島でスローライフ生活を満期している。

写真提供:株式会社kuniaki.plus（特記以外）　インタビュー:本誌編集部

新幹線開業による
一極集中の是正に期待

―清水さんは福井県大野郡和泉村（現・大野市）のご出身です。3月16日に北陸新幹線金沢〜敦賀間が延伸開業を果たしましたが、これにより福井県のさらなる興隆が期待されています。清水さんは今回の延伸開業について、どのようなご感慨をお持ちでしょうか?

（清水）私が子どものころ、日本海側は「裏日本」って呼ばれていました。今は聞かなくなりましたが、「日陰の地域」みたいでひどい言い方だと思っていました。今回の北陸新幹線開業によって、ようやく汚名を返上したような、同じスタート位置につけたような、嬉しい気分です。

―福井県の南北を縦貫する新幹線の開業により、福井県の様々な産業に好影響が及ぶと予測されています。清水さんは今回の延伸開業により、福井県がどのように発展していくとお考えでしょうか?

（清水）私は「首都圏の過密」と「田舎の過疎」のアンバランスは、「膨らみすぎた風船」のように、もはや限界にきていると思っています。やがて小さな針の一刺しで破裂し、都市から田舎への民族の大移動が起きることでしょう。北陸新幹線は、その針となるような気がします。

移動時間の短縮によってまずは二地域居住する人が増え、やがて東京のバカげている物価、家賃や駐車場代の高額さに気がついた賢い人たちが福井への定住を始める。結果、それまで一極集中していた経済も人口も均一化されて、「裏」も「表」

もない公平で豊かな社会が出現するのだと思います。

―清水さんは、お仕事や帰省などで東京と福井県を往復されることが多いと思います。北陸新幹線の福井・敦賀延伸以前は、東海道新幹線と北陸本線（特急「しらさぎ」）を乗り継いでいたのですか?

（清水）東京から福井の移動は、これまではほとんど車でしたね。東名高速で米原から北陸自動車道路、または中央高速で岐阜を経由し九頭竜湖ダムを通って、5〜6時間以上かかってました。福井県は豪雪地帯なので冬の移動は大変でした。

小松空港から帰ることもありましたが、他県の空港を経由しないと帰れないのが情けないなと感じてました。

開業直後の越前たけふ〜敦賀間を行く北陸新幹線編成。地域間格差解消への起爆剤となることが期待される。
写真提供:JR西日本

少年時代の清水さん（写真中央）。自然豊かな地域でのびのびと育った。

デビュー当初の清水さん。
ラジオパーソナリティとしても頭角を現していった。

多芸多才な清水さんはアートへの造詣も深い。自身でも筆を取り多くの作品を生み出している。

北陸本線の特急車内で
芸能界入りを決意

—清水さんは1973（昭和48）年に関西の大学をご卒業されていますが、学生時代は北陸本線に乗る機会も多かったのではないですか？

（清水）学生時代の帰省は鉄道移動でした。帰省を終えて特急「雷鳥」（編集部註：平成初期まで大阪〜金沢・富山・新潟間に設定されていた在来線特急）で京都の学生下宿へ帰るとき、車窓から外を眺めていると、家々の屋根にテレビのアンテナがトンボの大群のようにびっしりと立ち並ぶ光景が、どこまでも続いていたのです。

将来のビジョンを決めかねていた頃でした。このアンテナで受信されて全部の家庭で観てもらえるような…よし、有名になろう！と決心した瞬間でした。

—「令和六年能登半島地震」では、能登半島を始めとする北陸地方の広い地域で被害が発生しています。福井県ご出身の清水さんは、北陸地方の復旧・復興についてどのようにお考えでしょうか。

（清水）阪神淡路、東日本、熊本、そして能登半島と、被災地の現場を見てきましたが、「備え」に対する根本感覚が間違っているのに、これをまったく反省せずに被災者を避難所に押し込め、災害関連死の発生を繰り返すという泥縄対策が続いています。先進国では日本だけがまだそんなことやっているのです。

私がライフワークとして取り組んでいるのは、すぐに被災した人を収容できるトレーラーハウスの備蓄。全国からも持ち寄ってみんながすぐに快適な日常を送ることができる備え、そして近隣自治体との防災協定。今回、珠洲市、志賀町にトレーラーハウスを運びました。正常性バイアスがかかって「大したことは起こらないだろう」と思い込む能天気を改めるのが、第一歩ですな。

—清水さんは、今回の延伸区間にご乗車されるご予定はありますか？

（清水）復興支援活動を続けています。被災地の状況次第ですが、避難所で芸能仲間と歌やトークの支援を考えています。これまでの4回は車での移動でしたが、その際は金沢までの新幹線を使わせてもらい、支援活動の帰りに福井まで新幹線で行ってみたいなと思っています。

—北陸新幹線で清水さんの地元（大野市）を訪れるお客さんにお勧めしたい、観光スポット、史跡、名勝などがありましたら教えてください。

（清水）大野市の雲海に浮かぶ「大野城」、旧・和泉村後野の「天狗岩」ですね。「九頭竜湖ダムの釣り」もお勧めです。

—ありがとうございました。最後に本誌読者にメッセージをお願いいたします。

（清水）福井県はいいところです。ぜひ住んでみてください。大野市の田んぼの中に私の実家があります。芸能人の私やブックオフの社長だった姉の橋本真由美が育った家に、誰か住んでもらえませんかね。便利になっていて、そこそこ快適ですよ。私はもうしばらく不便を楽しみたくて、瀬戸内海の無人島「ありが島」で漁師していますので。

PROFILE

清水国明 （しみずくにあき）

1950（昭和25）年、福井県大野市出身。大学卒業後の1973（昭和48）年にフォークデュオ「あのねのね」のボーカル・ギターとして芸能デビュー。テレビ、ラジオの司会やコメンテータ、さらに新聞雑誌への執筆など、幅広く活躍中。芸能界きっての自然環境派、スローライフ実践者としても知られ、自然体験や環境講演会なども多い。2021（令和3）年にはライブ配信サービスを運営するライバーハウス株式会社を設立し、代表取締役社長に就任。NPO法人河口湖自然楽校楽校長、所沢市教育委員、JOIN大使（移住・交流推進機構）、災害出動型RVパークPJプロデューサー、全日本チェンソーアート協会特別顧問も務める。

与党政治家として北陸新幹線の敦賀延伸に大きな役割を果たした稲田氏。敦賀以西のルート選定の際にも重責を担った。

与党議員として敦賀延伸に大きな役割を果たす

2024年3月16日、北陸新幹線の金沢～敦賀間が延伸開業を果たしました。整備計画の策定から50年、ついに福井県に新幹線が乗り入れて来ました。北陸新幹線の敦賀延伸は、私が政治家になってから約20年にわたって取り組んで来た大きな課題だったので、とても嬉しく感じています。

この間、一緒に取り組んで来た地元の皆さんにも心から感謝したいです。特に私がまだ一回生の頃に、"ミスター新幹線"と称されていた小里貞利先生（鹿児島県を地盤とする衆議院議員。2016年に逝去）や国交省への要請活動を幾度となく共にしてくださった江守幹男福井商工会議所会頭（故人）には本当にお世話になりました。沢山の方々の熱意と想いが詰まった新幹線と感じています。様々な困難はありましたが、新幹線開業の時期に福井の代表であることに、私自身も幸せと責任を感じています。

今回の延伸により、福井県と首都圏が新幹線で直結しました。これまで以上に多くの観光客が福井県を訪れるようになることでしょう。福井県には、世界3大恐竜博物館に数えられる「福井県立恐竜博物館」（勝山市）、世界中の精神的な憧れである禅の総本山「永平寺」、北陸を代表する古湯「芦原温泉」、断崖絶壁が続く景勝地「東尋坊」など、全国的な知名度を誇る観光地が数多くあります。さらには、「越前かに」、「いちほまれ」（ブランド米）、「越前漆器」、「メガネ」、「越前和紙」など、福井ブランドの名産品も枚挙にいとまがありません。新幹線延伸を契機に、より多くの人に福井県の魅力が伝わることを期待しています。

新幹線の開業により東京～福井間は最速2時間51分で結ばれます。私自身もこれまでの東京～福井間の移動は飛行機中心でしたが、今後は新幹線を選ぶ回数も増えると思います。乗り換えがないというのはやはり魅力的ですし、車内での仕事もはかどると期待しています。

これまでは東京～福井間を鉄道で移動する場合、東海道新幹線（米原乗り継ぎ）経由が最短ルートでしたが、今後は多くの旅客が北陸新幹線経由にシフトするのではないでしょうか。

米原駅の乗り継ぎには忘れられない思い出があります。ある年の冬の寒い日、北陸本線の列車が1時間遅れとなり、雪が吹き付ける米原駅のホームのベンチで駅そばを食べることになりました。この時のお蕎麦は冷え切った身体を温めてくれて、それまでに食べたどのお蕎麦より美味しく感じられたものです。

冬に北陸本線で深坂峠を越えると滋賀県では快晴でも福井県に入ると大雪、ということも珍しくありません。そのたびに天候格差を是正する政策の必要性を感じたものです。今後、寒冷地減税などにも取り組んでいきたいと考えています。

今回の敦賀開業は暫定的なもので、北陸新幹線は新大阪延伸に向けて動き出して参ります。私が政調会長の時に与党PTの座長として、北陸新幹線についての複数の委員会を立ち上げていますが、そのうちの一つは後に敦賀～新大阪間のルート選定（小浜経由）に重要な役割を果たしています。その時期に政調会長をやらせていただけた幸運を今も強く感じています。現在、私は自民党の整備新幹線等鉄道調査会長を務めていますが、同会会長として残る区間の早期着工を全力で目指していきたいです。

デフレから脱却した日本において、観光産業は成長可能性が高い業種です。私は与党政治家として、観光を経済政策の中心に据えながら後押ししていきたいと思っています。そして、福井県のみならず、北陸地方全体の観光や伝統工芸、美味しい食材を世界に発信する流れを作り出していきたいです。

臨時国会（2023［令和5］年）の代表質問に立つ稲田氏。

PROFILE
稲田朋美（いなだ・ともみ）

福井県今立郡今立町（現・越前市）生まれ。早稲田大学法学部卒業。弁護士として百人斬り報道名誉毀損訴訟、靖国裁判などに携わる。2009（平成17）年、福井1区で衆議院議員に初当選し、現在6期目。第2次安倍政権において、行政改革担当大臣、自民党幹事長代行、自民党政務調査会長（2期）、防衛大臣等を歴任。現在、自民党幹事長代理、自民党整備新幹線等鉄道調査会会長。その他、自民党若手保守政策集団「伝統と創造の会」会長、自民党女性議員による「女性議員飛躍の会」共同代表を務める。著書に『強くて優しい国』（幻冬舎）など。趣味はランニングとサウナ。週に3～4日、早朝に10kmを走っている。

情野祐美子
（車海老のダンス）

芸人として人気急上昇中の「車海老のダンス」。ツッコミ担当の情野さん（右）と、ボケ担当の根本ろ過さん（左）のコンビネーションも鮮やか。写真提供：プロダクション人力舎

石川県で育った情野さん。北陸の一日も早い復興を心から願っている。写真提供：プロダクション人力舎

北陸地方の魅力創出・交流拡大の起爆剤として新幹線に期待

皆さん、はじめまして。お笑いコンビ「車海老のダンス」情野と申します！プロダクション人力舎に所属し、舞台を中心に活動しています。

賞レースでとてつもない結果を残す同期も出てきましたが、私たちは比較的穏やかに、7回目の春を迎えようとしています。そんな私の密かな目標が地元・石川県で漫才をすることです。家族や地元の友人に頑張っている姿を見てもらいたい！そして笑ってもらうことができたら、いつもより胸を張って友人に会うことができるかもしれません（笑）。

さて、3月16日に北陸新幹線金沢～敦賀間が延伸開業を果たしました。北陸新幹線が金沢駅までの営業を開始した際もうれしく思っておりましたが、今回はついに実家の近くにある小松駅と東京駅が新幹線で直通しました。心躍る気持ちでいっぱいです！

これまでは知人に北陸地方のお勧めスポットを聞かれると、ついつい北陸新幹線で行きやすい石川県や富山県の観光スポットを紹介することが多かったのですが、福井県敦賀まで新幹線がつながった今、福井県を含めた北陸3県の魅力を、これまで以上に友人に共有できるのではないかとワクワクしています。

北陸新幹線が繋いでくれたことで、地域外からの観光客増加が期待されることはもちろんのこと、地域在住の方の交流も活発になり、内から自然と魅力が溢れ出ていくようになるのではないかと想像を膨らませています。

私は小学校2年生の時に石川県に越してきたのですが、その当時よく行っていたお寿司屋さんで初めて甘エビをいただき、あまりの美味しさに感動したことを、今でも口にするたびにシチュエーションとともに思い出すんです。そんな甘エビが美味しい9月頃に、新幹線で小松～東京間の旅を楽しめたらいいなと思います。いや、それまで待てないからやっぱり芸人人生丸6年のご褒美に、春のうちに一度帰りたいです！そして、ゆくゆくは北陸4県のまだ知らない楽しみを探すために、新幹線であちこち出かけてみたいです。

学生時代、節約するために帰省の際は東京～金沢間は主に夜行バスを利用していました。でもリーズナブルな運賃はありがたい反面、高速バスの場合、移動だけで半日を要することになります。実家に着いても移動疲れですぐに寝てしまうことが多かったです。

その後、北陸新幹線が金沢駅まで開業してからは、新幹線を積極的に利用することにしました。実家での滞在時間が延びましたので、うれしかったですね。ちなみに、"金沢～東京開業記念"として初めて北陸新幹線を利用した際の新幹線代を、祖母からもらったことはいい思い出です（笑）。

さて、祝賀ムードに沸く北陸4県ですが、今年の1月に能登半島を中心に大きな震災被害が発生したことも忘れてはいけません。被災された皆様のお気持ちは察するに余りあります。特に地震発生後にテレビに映し出された輪島市中心部の様子は、子どもの頃に家族で見た輪島朝市とはまるで違い、大変ショックを受けました。

今回の震災が起きたことにより、石川県を訪れることを躊躇する方もいらっしゃるかもしれませんが、加賀地方は幸いにも被害が少ないと聞いています。石川県は元気です!! まずは加賀地方に遊びに来ていただき、めいっぱい観光を楽しんでほしいと思います。

そして、また行きたい！となった頃には、きっと能登地方も元気を取り戻していることと思います。その時が石川県全堪能のチャンスです！何度来たって魅力的なのが石川県です。私自身、帰省する度に魅力を感じています。行くか迷っているあなたのお悩みは私が解決します。行くしかない!!

石川県に住む両親と祖母は根っからの旅行好きで、私が幼い頃から様々な場所に連れて行ってくれました。大人になった今、再訪してみると同じ土地でも受ける印象が違ったり、また懐かしく感じたり。そんな楽しみ方ができるようになった今日この頃です。

この本をお手に取られた読者の皆さんも、きっと根っからの旅人であることは間違いないのでしょう。そんな皆さんにより石川県を、北陸地方を好きになってもらえたらうれしいです。そして、いつか北陸のここがいいよね！なんて話し合えることをひっそりこっそりとっても楽しみにしています!!

情野さんお勧め！ 北陸新幹線で楽しむドライブ旅行

北陸新幹線で金沢駅に到着したら、兼六園や近江町市場などの有名観光スポットを巡るのが定番です。もちろんそれも素敵なのですが、今回私はあえてドライブを提案します。実は石川県には日本で唯一、車で走ることができる砂浜（千里浜なぎさドライブウェイ）があるんです！

打ち寄せる波のすぐ横を、運が良ければカモメと共に走ることができ、動く絵画の中に居るような、そんなワクワクを味わうことができます！車を降りて全身に潮風を浴びながら身体を伸ばすと、自分が主人公であることをこれでもかというぐらいに自覚できます。

また、近くにある道の駅・のと千里浜には「だいこん足の湯」（例年4月下旬～11月下旬にオープン）という源泉掛け流しの足湯があるので、そこで長旅の疲れを癒し、サンドアートを堪能して、道の駅で買ったさつまいもチップスをつまみながら、ドライブを再開することをおすすめします！

PROFILE
情野祐美子（せいの・ゆみこ）

石川県小松市出身。プロダクション人力舎所属 芸歴6年目。「車海老のダンス」として活動中で、叫ぶ芸を取り入れたパワー漫才が特徴。事務所ライブ「バカ爆走！」ほか多数のライブに出演。

福井県を拠点に活動を続ける「さくらいと」。デビュー以来、ローカルマスコミでも引っ張りだこの状態が続く。

全国区を目指す
アイドルユニット

皆さんこんにちは！ 福井県を拠点に活動するアイドルグループ「さくらいと」です。私たちは福井県の伝統工芸を応援するために2019（令和元）年7月に結成されました。グループ名は福井県が誇る「いとざくら（しだれ桜の別名）」にちなみ、細い枝が花と花をつなぐように、人と人、地域と地域、価値と価値をつなげる存在になってほしい、との想いが込められて命名されました

伝統工芸アイドルとして職人さんの元に修行に出向き、自ら体験した魅力をSNSや動画、ライブステージを通して発信する活動を行っています。地元で応援してくださる皆様のおかげで、今年は「北陸新幹線福井敦賀開業イベント」「ふくい桜マラソン」など大型イベントのPRタレントとして起用されました。

福井県から日本のトップアイドルグループになることを目指し、これからもメンバー一同、頑張ります！

各メンバーからのメッセージ

護國まい

北陸新幹線の延伸開業を契機に、多くの皆様に福井県にお越し頂きたいです。そして、福井県の非日常的な魅力を味わっていただきたいです。

和装姿でステージに上がる「さくらいと」のメンバーたち。全国区のアイドルを目指して活動を続けている。

福井県には自然、街並み、史跡など見どころが満載です。お越しいただいたら、皆様ならではの"福井での過ごし方"を見つけてみてください！

私は自然や歴史を感じることが好きなので、北陸新幹線でぶらっと一人旅してみたいです！ 新幹線で乗り換えなしで行けるようになった軽井沢も魅力的ですね。

彩葉わかな

福井県の敦賀が北陸新幹線の新たな終着駅になるので、福井の名前が全国的に広がると良いですね。新幹線で来福してくださった観光客の皆様が、福井の隠された魅力（食や工芸や観光など）を見つけてくれたらうれしいなって思います。私も福井県人の一人として、いつも通り温かく迎え入れたいと思います。

神楽ひより

北陸新幹線の金沢〜敦賀間の開業は、地元福井県でも大きなニュースとなりました。福井県の隠された魅力が多くの人に見つけ出され、観光客の方々であふれる福井県になってほしいなと思います！

今まで通学や友達と遊ぶ時にも必ず利用していた北陸本線が、新幹線開業と同時になくなった（JRから経営分離された）のは少し寂しいですが、ハピライン福井も県民に愛され、たくさん利用される鉄道になってくれると思います。私もたくさん利用したいです。

朝日奈花子

北陸新幹線が敦賀まで延伸され、福井県が元気になっていく様子を日々感じています！ 今年の行楽シーズンには福井にたくさんの人が来ることでしょう。きっとしばらくは、福井県の名所や見どころが他県の人に知られる喜びが止まらないですね！

福井県の良さを全国の皆さんに伝えられるように、私たち「さくらいと」も頑張っていきたいです。

軽井沢には一度も行ったことがないので、北陸新幹線でビューンとリゾートへ‼

陽向芽衣

新幹線の延伸開業で、私たちメンバーも新幹線に乗って福井県の魅力を発信する機会が増えると思います。県外から福井県に来る方が増えると思いますし、県外の方との交流が広がることが楽しみで、ワクワクしています！

今まで利用していた北陸本線（敦賀〜大聖寺間）がハピライン福井という会社になり、しばらくは慣れないこともあるかもしれません。ハピライン福井には福井県民に長く愛される交通機関になってほしいです。

PROFILE
さくらいと

福井県の伝統工芸を応援するアイドルグループ。エンターテイメントが全ての価値を進化させる！を合言葉に福井県から日本のトップグループを目指し活動している。伝統工芸をはじめ、福井県の様々な魅力、人、価値を若者の視点で再発見し、ライブステージやSNSを通して発信する活動を幅広く行う。2024年4月28日には「サンドーム福井」で単独コンサート「サクライロ革命」を実施予定。

写真提供：合同会社進化ランド

JR西日本による地域復興への動き

　JR西日本は2024年2月14日にプレスリリース「能登半島地震を踏まえた北陸を応援する取り組みについて」を発表。地域住民と連携しながら地域の復興に向けた施策に取り組むことを表明した。同社による包括的な支援表明は地元からも高い評価を獲得している。

能登地方の交通インフラの基軸として機能する七尾線。JR西日本による早期復旧の実現は、各方面から高く評価された。

地域復興に向けた需要喚起を目的に展開される「つながる北陸」キャンペーンの周知ポスター。
画像提供：JR西日本

北陸地方の需要喚起に向けたJR西日本の様々な取り組み

　令和6年能登半島地震では能登半島北部を中心に甚大な被害が発生した。震災以降、直接的な被害が軽微だった地域も含めて、北陸地方の旅客需要全体が大きく減少し、長期的な経済低迷、引いては復興の阻害要因となることが懸念され始めている。

　JR西日本は2月14日に災害復旧に向けた様々な取り組みの実施に加え、地域ごとの復旧・復興状況を検証しながら、北陸地方への観光誘客に取り組んでいくことを表明した。

　2月16日からは、北陸地方活性化の切り札となりうる北陸新幹線の延伸開業区間（金沢～敦賀間）の周知活動を強化。駅・車内のポスター掲出に加えてTVCM放映や新聞・WEB出稿を増加させた。一連のキャンペーンは、北陸地方が「新幹線でつながり」、人の移動とともに「人の想いもつながっていく」という意味を込め、「つながる北陸」というキーワードで展開されており、北陸新幹線の新規開業区間の周知を幅広い年代層に伝えている。

　地域消費拡大を目的とした乗車券類の展開も実施されており、北陸地方のJR線が乗り放題となる「北陸おでかけtabiwaパス」（観光ナビ「tabiwa by WESTER」で購入可能なデジタルチケット）の利用条件を大幅に変更、通常価格が2,450円のところ今回は980円での販売となった（3月15日利用分まで）。

　さらに、購入期限を利用3日前から利用前日に、利用可能日の条件（土日祝日限定）を撤廃するなど、思い切った条件緩和が実施されている。この乗車券のフリーエリアには北陸地方の第三セクター鉄道も含まれているが、980円という破格の値段設定はかなり思い切った決定であり、需要喚起に対するJR西日本の意欲が伝わる施策だった。

　また、北陸エリアの「tabiwa周遊パス」（「tabiwa by WESTER」で購入可能なデジタルチケット）と、e5489で購入した「北陸を発または着とするJR西日本エリア内完結の乗車券」の利用者を対象に、両乗車券の利用金額の10%相当をWESTERポイントで還元するキャンペーンも実施された（3月15日に終了）。こちらもビジネスや観光など幅広い層を対象とした割引施策であり、需要喚起に大きな成果を上げている。

　他にも、観光ナビ「tabiwa by WESTER」のtabiwaチャンネルで公開している「よりみちさんぽ」では、北陸のおすすめスポットを紹介した特別動画を制作。「動画視聴」などの条件を達成した方の中から抽選でWESTERポイント（200ポイント）を進呈するキャンペーンも実施された（3月31日まで）。この施策も北陸の魅力の周知を広げるとともに、長期的な観光需要興隆に資する取り組みとして注目を集めた。

　ツアー客の誘客拡大を目的とした旅行会社との連携も強化され、北陸の魅力を味わえる旅行商品が現在順次展開されている。敦賀延伸による新ルートが盛り込まれた商品、地域産品の特典をセットした商品、被災地・被災者への支援金を組み込んだ商品などが展開される予定となっており、地域交流と復興支援が図られていく。

　さらに北陸地域のJR西日本グループ会社店舗で、購入金額に対して総額最大2億円相当のWESTERポイントを抽選でプレゼントするキャンペーンも開催予定。対象店舗、参加条件など詳細は決定し次第、北陸地域のJR西日本グループ会社各店舗から発表される。

JR西日本は北陸新幹線の敦賀延伸開業の周知活動を実施、拠点駅にはカウントダウン表示付きの看板も掲出された。

北陸新幹線敦賀延伸開業当日、各駅周辺では祝賀イベントを催行。鉄道に対する地域の期待の大きさが窺えた。

国内鉄道事業の
リーディングカンパニーによる復興支援

JR東日本の
災害復興に
向けた取り組み

各地に大きな爪痕を残した「令和6年能登半島地震」だが、各界から様々な形の支援が続々と寄せられている。輸送量・路線延長で国内最大規模を誇るJR東日本も各種の支援策を発表、その支援内容は被害地域の復興促進に寄与するものとして注目されている。

JR東日本が所有する北陸新幹用車両のE7系。同社は北陸新幹線の往復と北陸エリアが乗り放題となる「北陸応援フリーきっぷ」を販売し話題を集めた。

①義援金の拠出

JR東日本は、今回の震災直後の1月18日に被災地に対して義援金を拠出することを表明した。義援金は被災地支援を目的とし、被害が甚大な北陸3県に対して1億5,000万円の支援を行う。内訳は石川県1億円、富山県3,000万円、新潟県2,000万円となっている。自社の鉄道施設も損傷を受けたJR東日本だが、営業エリア外となる石川・富山両県への迅速で巨額な寄付金拠出は、各方面から注目された。

②ポイントサービスを活用した災害義援金受付

さらにJR東日本は自社が展開するポイントサービス「JRE POINT」（鉄道利用や買い物などでポイントを貯めて使えるサービス）でも災害義援金の受け付けを開始した。交換されたポイントは「1ポイント＝1円」に換算し、日本赤十字社を通じ被災者への支援に役立てる。会員がすでに所持するポイントがオンライン上の簡単な操作で寄付できるため、心理的な負担を感じることなく被災地を支援することができる。ポイントによる寄付金の受付期限は4月30日までとアナウンスされている（3月20日現在）。

今回の震災で被害を受けたJR東日本の越後線。同社は越後線が走る新潟県にも寄付金を拠出しており、復興に大きく貢献している。

義援金受付

令和6年能登半島地震

⬤ JRE POINT

災害義援金

JR東日本は今回「JRE POINT」を活用した災害義援金の受付も実施中。

パソコン・スマホの操作で完結する寄付システムは、若年層への訴求力を強化している。

③自社系列「ふるさと納税」のサイトを活用した支援の実施

同時に「JRE MALLふるさと納税」（JR東日本が展開する「ふるさと納税」のポータルサイト）には「災害支援寄付」の特設サイトを新設し、被災各自治体への寄付募集を開始した。このサイトで募集している災害支援寄付は、通常の「ふるさと納税」の返礼品（寄付額の30％程度の金額）にあたる部分も含めて寄付金に充てられるというものである。

「ふるさと納税」は寄付金額から自己負担分の2,000円を差し引いた金額が、還付・控除されるという制度（還付・控除される金額は、年収や家族構成によって異なる）である。仮に還付・控除を受けられる寄付金の上限が50,000円の場合に、「JRE MALLふるさと納税」で50,000円を被災地の自治体に寄付すると寄付者は2,000円の負担で50,000円分の税金が還付・控除を

受けられることになる。

今回JR東日本は「JRE MALLふるさと納税」の「災害支援寄付」については、通常の「ふるさと納税」で自治体が支払うサイト利用手数料の全額を免除するとしており、被災自治体をダイレクトに応援でき、かつ支援者の善意がより多く被災地に届けられることになる。

「JRE MALLふるさと納税」では「災害支援寄付」の特集ページを作成し、石川県珠洲市をはじめとする被災14自治体の災害支援寄付を受け付けている。

④乗車券販売による復興支援の実施

JR東日本では、震災により旅客が減少した北陸地方の需要喚起を目的に、特別企画乗車券「北陸応援フリーきっぷ」（20,000円／小児は除く）を発売した。有効期間は連続する4日間で、フリーエリア内では新幹線を含む特急列車、快速を含む普通列車の普通車自由席が利用可

能とされた。東京〜金沢間を北陸新幹線で単純往復するだけでも28,760円となるため、この乗車券がいかに破格の値段設定なのか理解できる。

北陸3県と新潟県を目的地とする「JR東日本びゅうダイナミックレールパック」（取扱エリア内の新幹線・特急列車と宿泊施設

とを組み合わせたWeb販売限定の価格変動型旅行商品）については、3月31日（日）までを出発日とした商品について参加者一人につき500円を、日本赤十字社を通じて義援金寄付を行った。

⑤首都圏駅構内での物産展の開催

また、JR東日本グループでは、㈱JR東日本クロスステーションの運営で「北陸エリアの地産品」販売による現地の魅力発信強化、観光流動の活性化を通じた復興支援の取組みを行っている。北陸新幹線金沢駅〜敦賀駅間の開業を控えた3月上旬より、北陸エリア（石川県、富山県、福井県）の名産品やお菓子などの逸品を集めた北陸物産展を首都圏で開催、すでに

大宮・上野・川崎・品川駅の各会場で実施され、いずれも賑わいを見せた。一連の物産展は4月7日までで、本書発売時点の2024年4月頭では浦和駅構内で開催中。

なお、売上金の一部は、日本赤十字社を経由して被災者支援の義援金に充てられる予定だ。

大宮駅構内で実施された物産展。北陸地方の銘品が多数取り揃えられ、多くの買い物客で賑わった。

⑥地産品ショップ「のもの」で北陸フェアを開催

JR東日本グループが展開する地域再発見プロジェクトのコンセプトショップ「のもの」の上野店・秋葉原店・東京店の3店舗（運営㈱JR東日本商事）で、北陸エリア（石川県・富山県・福井県）の名産品の販売を通じた復興に資する取組みとして、北陸フェアを開催。加工品や菓子など北

陸地方の食品を期間限定で取り揃えている。会期は2回で第1回目は3月15〜21日、第2回目は4月18〜24日。3月15日には上記3店舗で、新幹線の速達性・定時性を活かしたJR東日本グループの荷物輸送サービス「はこビュン」で輸送した「あんころ餅」（㈱圓八）、「連子鯛入り三味笹寿し6ヶ入」

（㈱芝寿し）の販売を実施（※）。北陸新幹線敦賀延伸開業の前景気を盛り上げた。「のもの」におけるフェア商品売上金の一部は日本赤十字社を経由して、被災者支援の義援金に充てられる予定。
※道路や列車の運行状況等により、内容が予告なく中止・変更となる場合あり。

JR東日本グループでは、今後も新幹線旅行商品などを通じた観光送客、新幹線荷物輸送サービス「はこビュン」も活用した駅での産直市やECでの産品販売により、北陸と新潟の地域社会と経済活動の復興支援を進めていくとしており、今後の同社の動向にも注目が集まる。

空前の割引率で実施される「北陸応援割」を徹底活用

北陸
応援割で 北陸に行こう！

旅で北陸を元気にしよう！
福井 石川 富山 新潟

北陸
応援割
- HOKURIKU OUEN-WARI -

仕組みと注意点を総ざらい
「北陸応援割」利用ガイド

富山市の中心部にある富山城跡。復興天守が見守るこの城郭は、富山のシンボルとして人気を集めている。

　令和6年能登半島地震により北陸3県（富山・石川・福井の各県）と新潟県では、旅行業や観光産業を中心に大きな経済的被害を受けている。3月16日から開始された「北陸応援割」は被災地に特化した旅行需要喚起施策で、開始以来大きな効果を上げている。

北陸復興に特化した
新たな旅行割引支援

　北陸応援割は、「令和6年能登半島地震」の影響により旅行需要が大幅に落ち込んだ福井県・石川県・富山県・新潟県の観光需要を回復することを目的に実施される需要喚起政策の一環である。

　政府は被災地域の生活再建を目的とする緊急支援策「生活と生業支援パッケージ」を策定、1000億円を超える予備費を充てる方針をいち早く示した。

　国内では新型コロナ禍期間中に各種の需要喚起策が実施されたが、今回の北陸応援割もそれに匹敵する割引率と規模感で実施され、政府（観光庁）の本気度が伝わる。適用期間は3月16日〜4月26日宿泊分とされ、割引対象となる施設では3月8日の受付開始以来、予約が集中する事態となっている。3月16日には北陸新幹線の金沢〜敦賀間が延伸開業を果たしたことも相まって、スキーム策定当初の思惑通りの成果を上げていると言える。

　今回の対象エリアは北陸地方に加え甲信越地方（あるいは中部地方）に属する新潟県も含まれるが、今回の施策については「北陸4県」として同一地方として扱われている。「北陸応援割」は各県ごとに独自に設定する応援割（それぞれに異なる名称が制定されている）の総称だが、それぞれの内容は概ね同一となっている。　それぞれの割引率は旅行・宿泊料金の最大50％（泊／人）で、これに宿泊単体商品・交通付宿泊旅行商品については1泊2万円、交通付宿泊旅行商品（2泊以上）については総額3万円、周遊型旅行商品（宿

北陸応援割の概要

実施期間			2024（令和6）年3月16日（土）〜4月26日（金）宿泊分（第1弾）
補助対象			各県の登録宿泊施設への旅行・宿泊（訪日旅行者も対象） ※ビジネス利用は対象外となる
割引率			旅行・宿泊料金の50％（割引上限額あり）
割引 上限額	宿泊サービス単体商品		20,000円／1人1予約あたり
	宿泊を含む 交通付き 旅行商品	1泊	20,000円／1人1予約あたり
		2泊以上	30,000円／1人1予約あたり
	周遊型旅行商品（2県以上）		35,000円／1人1予約あたり

※予約開始日より前に予約した旅行について、後から補助金の適用対象とすることは不可となる。

新潟県村上市の笹川流れ。日本海の荒波が作り上げた造形美として名高い。

北陸地方を代表する名湯「山中温泉」（菊の湯）。温泉情緒が心ゆくまで堪能できる。

富山県名物「ますのすし」。駅弁としても販売されているので、現地に行ったらぜひ味わいたい。

福井県小浜市の名物「鯖」。市内にはいくつもの専門店があり訪れる観光客も多い。

福井県鯖江市は国内のメガネフレームの90%以上を生産。市内には「メガネミュージアム」もある。

各県のキャンペーン名称

新潟県

富山県

石川県

とやま
応援キャンペーン

いしかわ応援
旅行割（第1弾）

福井県

にいがた応援
旅割キャンペーン

ふくいde
お得キャンペーン

泊地が2県以上）については総額3.5万円の補助限度額が設定されている。

1人1泊4万円の宿は一般的には高級ホテル・高級旅館に属するが、割引を用いればこれらの宿に1泊2万円で宿泊することが可能。1人1泊1万円のシティホテルならば、1泊5,000円での宿泊が可能となり、具体例で検証するとその割引率の高さが実感できる。

割引が利用できるのは日本人に限定されず、外国居住者や外国人も対象に含まれる。ワクチン接種などの条件も設定されないため、個々の事情による利用可否が発生しないのも今回の北陸応援割の特徴である。

予約方法は新潟・富山・石川の各県と、福井県で異なり、前者は宿泊地に直接、あるいはオンライン旅行会社のサイト（JTB・楽天トラベル・ジャルパックなど）で申し込みを受け付けるが、福井県のみオンライン旅行会社の利用が不可となっている。

このほか、富山県では独自の需要喚起策として1泊1万円以上を宿泊先に支払った旅行者を対象に「とやま応援クーポン」1,000円分を配布しており（宿泊先のフロントで配布）、北陸応援割との併用も可能となっている（4月27日まで配布予定）。クーポンは飲食店や物産店などで使用でき、こちらも観光関連産業への支援策として大きな成果を上げている。

今回の北陸応援割は新潟・富山・福井の3県で早々に概要が決したのに対し、石川県は2月28日にようやく詳細を発表するに至った。石川県は当初、震災復興優先の観点から、他の3県よりもワンテンポ遅れての実施を予定していた。他の3県と結果として足並みを揃えたのは、北陸新幹線の開業に沸く比較的被災規模が小さく、加賀地方の観光需要喚起を優先するという判断によるものだが、能登地方では依然として多くの人が困難な状況に置かれていることを忘れてはならない。

石川県は4月26日までの宿泊分を対象とする「いしかわ応援旅行割」を第1弾としており、ゴールデンウィーク以降に第2弾を実施することを示唆している。また、能登地方を対象としたより割引率の高い復興割の実施案もあり、今後の動向に注目が集まる。新潟・富山・福井の3県についても、さらなる需要喚起の観点から第2弾を実施する可能性は十分ありそうだ。

立山黒部アルペンルートは北陸を代表する観光ルート。多様な交通機関に乗りながら3000m級の山並みを間近に楽しめる（立山ロープウェイ）。

三方湖、水月湖、菅湖、久々子湖、日向湖の5つの湖があり、美しい自然景観を織りなしている。

利用にあたっておさえておきたい4つのポイント

①割引の対象者	乳幼児・小学生・外国人を含むすべての旅行者が対象となる。
②割引を受ける条件	宿泊施設で宿泊者全員分の身分証明書（運転免許証・マイナンバーカード・パスポート・健康保険証など）を提示する必要がある。証明書はコピーは不可なので、必ず原本を携行する。
③割引の対象となる旅行会社・宿泊施設	新潟県・富山県・石川県は旅行会社（北陸4県に本社がある旅行会社、過去の需要喚起施策で取り扱いが多かった事業者）、オンライン旅行会社、宿泊施設に直接申し込む。福井県のみオンライン予約・販売を主とする旅行会社での予約が割引対象外となる。
④割引対象の上限設定	各県の割引で拠出できる予算、施設ごとに割引できる予算に限度があるため、割引を受けられる絶対数が当初から決まっている。そのため、例えば宿泊したいホテルがあったとしても、割引対象の部屋は満室となっているというケースもあり得る。目的地と日程が決定したら、迅速に予約アクションを起こす必要がある。

■GOTOキャンペーンとの違い

　新型コロナウイルス（COVID-19）のパンデミック期間は、旅行業・運輸業を中心に甚大な経済的な被害が生じた。これを受け政府（菅内閣）は過去に例のない形態の旅行需要喚起策「GOTOトラベル」キャンペーンを実施。宿泊と日帰り旅行代金の約35％の割引に加え、旅行代金の約15％に相当する金額の地域共通クーポンが発給されることで、実質約50％の割引が受けられるという内容だった。

　2020（令和2）年7月22日に開始された第1期では、利用に際して制約はなかったが、居住地域による制限がかかり、人口の多い東京都は感染拡大防止の観点から利用対象外となった。その後に開始された第二期ではワクチン接種を利用の条件とするなど、一定の制約が残った。今回の北陸応援割は居住地域やワクチン接種などの条件付けがない旅行支援となり、大きな需要喚起効果が期待されている。

大小様々な水田約200枚が連なる「星峠の棚田」（新潟県十日町市）。美しい田園風景が楽しめるのも北陸地方と新潟県の魅力だ。

北陸応援割　旅行者向けコールセンター
0570-099-023（受付時間：平日 9〜17時）

※4月7日（日）までは土・日・祝日も受付

北陸・新潟の旅 モデルプラン

北陸応援割は団体旅行のみならず個人旅行でも利用価値が高い。ここでは敦賀、福井、金沢、富山、新潟の拠点駅を起点とするモデルプラン各種を掲載、旅行プラン作成にお役立ていただきたい。

敦賀駅起点の福井・石川回遊プラン（2泊3日）

今回開業した敦賀〜金沢間の乗車を楽しみながら、福井・石川両県の主要観光地を回るプラン。金沢駅周辺には数多くの観光施設が立地するので、行先はお好みでアレンジ可能。宿泊地は福井と芦原温泉としているが、2泊とも福井としてもよい。

1日目

9時58分	敦賀駅
↓	（北陸新幹線）
10時19分	福井駅
↓	（路線バス1040発）
11時8分	復元町並（一乗谷朝倉氏遺跡） （見学・食事・路線バス1246→1250） （一乗谷朝倉氏遺跡博物館前下車徒歩3分）
13時6分	一乗谷駅
↓	（在来線）
13時44分	越前大野駅
↓	（市内見学・ 路線バス1536発）
16時5分	勝山駅
↓	（シャトルバス1630発）
16時42分	福井県立恐竜博物館
↓	（シャトルバス1743→1756）
18時19分	勝山駅
↓	（えちぜん鉄道）
19時12分	福井駅（泊）

2日目

10時20分	福井駅
↓	（北陸新幹線）
10時56分	金沢駅
↓	（路線バス）
11時30分	金沢21世紀美術館
↓	（徒歩）
12時30分	兼六園
↓	（徒歩）
13時30分	金沢城跡
↓	（徒歩）
14時30分	近江町市場
↓	（徒歩）
15時30分	ひがし茶屋街
↓	（路線バス）
16時	にし茶屋街・妙立寺
↓	（見学＆路線バス）
17時20分	金沢駅
↓	（北陸新幹線）
17時47分	芦原温泉駅
↓	（路線バス1810発）
18時26分	あわら湯のまち駅（芦原温泉泊）

3日目

10時18分	あわら湯のまち駅
↓	（路線バス）
10時47分	東尋坊
↓	（路線バス1247→1252） （三国港駅前下車）
13時9分	三国港駅
↓	（えちぜん鉄道）
14時1分	福井駅（1409発）
↓	（ハピラインふくい）
14時28分	武生駅（1428着）
↓	（市民バス市街地循環北ルート 1433→1444だるまちゃん 広場・菊人形前下車徒歩7分）
15時	しきぶぶんミュージアム （光る君へ越前大河ドラマ館）
↓	（徒歩）
15時30分	紫式部公園・紫の館
↓	（見学・市民バス市街地循環南ルート／紫式部公園1643→1708）
17時25分	武生駅
↓	（ハピラインふくい）
17時57分	敦賀駅

石畳の道に風情のある町家が立ち並ぶ「ひがし茶屋街」。北陸地方を訪れた際に外せないスポットの一つ。

敦賀駅起点の福井・石川・富山・新潟回遊プラン（3泊4日）

今回の「北陸応援割」の対象となる4県すべてを回遊する欲張りプラン。敦賀が起点なので、中京や関西を出発地とする場合はもちろん、首都圏発の場合は上越妙高から行程を開始することも可能。北陸割の割引を活用して温泉旅館で贅沢したいところだが、駅近くのビジネスホテルで節約するのもよい。

1日目

9時58分	敦賀駅
↓	（北陸新幹線）
12時	上越妙高駅
↓	（徒歩）
12時30分	茶臼遺跡
↓	（徒歩）
13時9分	上越妙高駅
↓	（在来線特急）
14時15分	長岡駅（1420発）
↓	（上越新幹線）
14時42分	新潟駅
↓	（観光循環バス1500→1521／水族館前下車）
15時30分	新潟市水族館マリンピア日本海
↓	（観光循環バス1621→1648）
17時23分	新潟駅
↓	（在来線）
17時45分	豊栄駅
↓	（シャトルバス1800発）
18時20分	月岡温泉（泊）

2日目

9時30分	月岡温泉
↓	（シャトルバス950着）
10時6分	豊栄駅
↓	（在来線）
10時28分	新潟駅（1120発）
↓	（上越新幹線）
11時58分	浦佐駅
↓	（徒歩）
12時30分	毘沙門堂
↓	（徒歩）
13時18分	浦佐駅
↓	（在来線）
13時29分	六日町駅（1343発）
↓	（北越急行／土休日は直江津直通1456着）
14時45分	犀潟駅
↓	（路線バス1504→1523）
15時30分	直江津駅
↓	（えちごトキめき鉄道）
15時46分	上越妙高駅（1615発）
↓	（北陸新幹線）
16時42分	黒部宇奈月温泉駅／新黒部駅（1652発）
↓	（富山地方鉄道）
17時37分	上市
↓	（送迎バス・要予約）
18時	越中つるぎ温泉 つるぎ恋月（泊）

3日目

9時30分	越中つるぎ温泉 つるぎ恋月
↓	（送迎バス・要予約）
9時56分	上市駅
↓	（富山地方鉄道）
10時24分	電鉄富山駅
↓	（市電／オークスカナルパークホテル富山前→丸の内）
11時30分	富山城址公園
↓	（市電あるいは徒歩／丸の内→西中野）
12時30分	富山市科学博物館
↓	（市電／グランドプラザ前→西中野）
13時55分	富山駅
↓	（北陸新幹線）
14時17分	金沢駅
↓	（路線バス）
15時30分	金沢城跡
↓	（徒歩）
16時30分	兼六園
↓	（路線バス）
18時5分	金沢駅
↓	（北陸新幹線）
18時16分	小松駅（駅前のホテルで宿泊）

4日目

10時16分	小松駅
↓	（北陸新幹線）
10時49分	越前たけふ駅（食事／1151発）
↓	（北陸新幹線）
11時59分	福井駅
↓	（徒歩）
13時	養浩館・福井城跡
↓	（徒歩あるいはタクシー）
14時30分	福井県立美術館
↓	（徒歩）
15時30分	福井県立歴史博物館
↓	（福井鉄道／田原町→福井）
16時30分	北ノ庄城跡
↓	（徒歩）
17時38分	福井駅
↓	（北陸新幹線）
17時59分	敦賀駅

月岡温泉の「月明りの庭」（新潟県新発田市）。夜間には行燈に灯がともり、一帯は幻想的な雰囲気に包まれる。

恐竜王国福井を代表する展示施設「福井県立恐竜博物館」（福井県勝山市）。福井では外せない観光スポットの一つ。

金沢駅起点の石川・富山回遊プラン（2泊3日）

北陸観光の拠点となる金沢を出発地として、石川・富山の著名観光地を回遊するプラン。観光の時間を確保するため金沢、富山、高岡などの拠点都市の駅近くの施設をセレクトしたが、レンタカーの活用により目的地選択の幅をかなり広げることも可能。

1日目	
10時4分	金沢駅
↓	（北陸新幹線）
10時15分	小松駅（駅前散策）
↓	（路線バス1111発）
11時21分	安宅の関
↓	（食事・路線バス1335→1348）
14時3分	小松駅
↓	（IRいしかわ鉄道）
14時8分	粟津駅
↓	（タクシー）
15時	加賀伝統工芸村 ゆのくにの森
↓	（見学・徒歩）
18時	粟津温泉（泊）

2日目	
10時29分	粟津温泉
↓	（加賀周遊バス1113着）
11時37分	加賀温泉駅

↓	（北陸新幹線）
12時12分	新高岡駅
↓	（徒歩）
12時30分	高岡おとぎの森公園
↓	（徒歩）
13時45分	新高岡駅
↓	（路線バス）
15時7分	小牧
↓	（庄川遊覧船1600発）
16時30分	大牧港
↓	（周辺散策）
18時	大牧温泉（泊）

3日目	
9時10分	大牧港
↓	（庄川遊覧船940着）
10時15分	小牧
↓	（路線バス1158着）
12時15分	高岡駅

↓	（あいの風とやま鉄道）
12時33分	富山駅
↓	（徒歩）
13時30分	富山県美術館
↓	（市電／オークスカナルパークホテル富山前→丸の内）
14時30分	富山城址公園
↓	（市電あるいは徒歩／丸の内→グランドプラザ前）
15時30分	富山市ガラス美術館
↓	（市電／グランドプラザ前→西中野）
16時30分	富山市科学博物館
↓	（市電／西中野→富山駅）
17時30分	富山駅
↓	（北陸新幹線）
17時53分	金沢駅

福井駅起点の福井県回遊プラン（1泊2日）

新幹線延伸開業に沸き立つ福井県内の観光地を巡るプランで、行程中には新規開業区間の乗車も含まれる。

1日目	
10時7分	福井駅
↓	（北陸新幹線）
10時15分	芦原温泉駅
↓	（路線バス1025発）
10時45分	丸岡城
↓	（城見学・食事・路線バス1215発）
12時54分	永平寺
↓	（寺拝観・路線バス1415→1430）
14時50分	永平寺口駅
↓	（えちぜん鉄道1512着）
15時40分	福井駅
↓	（北陸新幹線）
16時1分	敦賀駅
↓	（徒歩）
16時30分	氣比神宮
↓	（徒歩）
17時	敦賀駅
↓	（送迎バス）
17時10分	敦賀トンネル温泉 北国グランドホテル（泊）

2日目	
10時	敦賀トンネル温泉 北国グランドホテル
↓	（送迎バス1010着／駅前で買い物）
11時18分	敦賀駅
↓	（在来線）
12時24分	小浜駅
↓	（徒歩）
13時	御食国若狭おばま食文化館
↓	（食事・徒歩）
14時28分	小浜駅
↓	（在来線）
15時3分	三方駅
↓	（徒歩またはレンタサイクル）
15時30分	福井県年縞博物館
↓	（見学・徒歩またはレンタサイクル）
17時	三方駅
↓	（在来線1733着）
18時9分	敦賀駅
↓	（北陸新幹線）
18時25分	福井駅

50種類以上の体験が楽しめる伝統工芸のテーマパーク「ゆのくにの村」（石川県小松市）。

縞模様の湖底堆積物「年縞」の各種資料を展示・公開する「福井県年縞博物館」（福井県若狭町）。

富山駅起点の富山・石川・福井回遊プラン（3泊4日）／富山駅起点の富山県回遊プラン（1泊2日）

　北陸3県を堪能するプラン。関西・東海方面が出発地の場合は敦賀から行程を開始するのもよい。北陸割を活用して贅沢な旅を堪能するため、3泊とも温泉ホテルをセレクトした。もちろん、予算に合わせて都市部のホテルに変更してもよい。レンタカーを適宜組み合わせることで、訪問地・滞在時間を大きく増やすことも可能。富山駅を起点に鉄道で県内を巡る1泊2日の富山県回遊プランも合わせてご紹介する。

富山・石川・福井回遊3泊4日プラン

1日目

9時39分	富山駅
↓	（北陸新幹線）
11時2分	敦賀駅（1108発）
↓	（在来線）
12時8分	上中駅
↓	（JRバス1215発）
12時24分	若狭熊川（熊川宿）
↓	（食事・JRバス1414→1425）
15時15分	上中駅
↓	（在来線）
15時23分	東小浜駅
↓	（徒歩）
16時	福井県立若狭歴史博物館
↓	（見学・徒歩）
17時53分	東小浜駅
↓	（在来線）
17時57分	小浜駅
	（徒歩8分の『夕雅と旬彩の宿　せくみ屋』泊）

2日目

9時34分	小浜駅
↓	（在来線）
10時37分	敦賀駅（1058発）
↓	（北陸新幹線）
11時19分	福井駅
↓	（路線バス1155発）
12時11分	おさごえ民家園
↓	（路線バス1305発）
13時24分	福井駅
↓	（食事・徒歩）
14時30分	養浩館・福井城跡
↓	（徒歩）
16時	北ノ庄城跡
↓	（徒歩）
17時13分	福井駅
↓	（ハピラインふくい・IRいしかわ鉄道）
17時46分	加賀温泉駅
↓	（路線バス1825発）
18時36分	片山津温泉

3日目

9時52分	片山津温泉（湯の谷橋バス停）
↓	（路線バス1010着）
10時37分	加賀温泉駅
↓	（北陸新幹線）
10時56分	金沢駅
↓	（路線バス）
12時30分	近江町市場
↓	（徒歩）
13時30分	金沢城跡
↓	（徒歩）
14時30分	金沢駅（西口）
↓	（送迎バス・要予約）
15時10分	ふくみつ華山温泉
↓	（徒歩）
16時	南砺市立福光美術館
↓	（徒歩）
17時30分	ふくみつ華山温泉（泊）

4日目

9時30分	ふくみつ華山温泉
↓	（送迎バス・要予約940着）
9時46分	福光駅
↓	（在来線）
9時55分	城端駅
↓	（世界遺産バス1030発）
11時8分	菅沼
↓	（世界遺産バス1421発）
14時35分	相倉口
↓	（世界遺産バス1645→1755）
18時26分	新高岡駅
↓	（北陸新幹線）
18時34分	富山駅

富山県回遊1泊2日プラン 1日目

9時38分	富山駅
↓	（あいの風とやま鉄道）
9時55分	滑川駅
↓	（徒歩）
10時30分	ほたるいかミュージアム
↓	（徒歩・食事）
12時13分	滑川駅
↓	（富山地方鉄道）
13時19分	宇奈月温泉駅
↓	（徒歩）
14時14分	宇奈月駅
↓	（黒部峡谷鉄道）※4月運転再開
14時38分	黒薙駅
↓	（徒歩）
15時30分	黒薙温泉露天風呂
↓	（徒歩）
17時34分	黒薙駅
↓	（黒部峡谷鉄道）
17時58分	宇奈月駅
↓	（徒歩）
	宇奈月温泉（泊）

2日目

9時41分	宇奈月温泉（朝は温泉街を散策）
↓	（富山地方鉄道）
10時6分	新黒部駅／黒部宇奈月温泉駅（1025発）
↓	（北陸新幹線）
10時47分	新高岡駅（1103発）
↓	（在来線）
11時25分	砺波駅
↓	（徒歩）
12時	砺波チューリップ公園
↓	（食事・徒歩）
13時14分	砺波駅
↓	（在来線）
13時36分	高岡駅（1347発）
↓	（在来線）
14時15分	氷見駅
↓	（市街地周遊バス1420発）
14時32分	道の駅 氷見氷見漁港場外市場 ひみ番屋街
↓	（市街地周遊バス1540→1552）
16時7分	氷見駅
↓	（在来線）
16時40分	高岡駅
↓	（徒歩）
17時	高岡大仏
↓	（徒歩）
17時41分	高岡駅
↓	（あいの風とやま鉄道）
17時58分	富山駅

新潟駅起点の新潟・富山・石川回遊プラン（3泊4日）

　新潟県と北陸地方西部を回遊するプラン。行程に鉄道利用を多数含んでおり、のんびり列車旅を楽しみたい方にお勧め。行程には余裕時間が確保されているので、気に行った観光地では滞在時間を延ばすことも可能。4日目は早々に新潟県に戻るプランだが、そのまま石川・富山の観光を続けてもよい。

1日目

10時23分	新潟駅
↓	（在来線特急）
12時9分	直江津駅
↓	（路線バス1215→1231／春日山荘前下車徒歩20分）
13時	春日山城跡
↓	（食事・路線バス1345→1402）
14時26分	直江津駅
↓	（えちごトキめき鉄道）
14時34分	高田駅
↓	（路線バスあるいは徒歩）
15時30分	高田城址公園・上越市歴史博物館
↓	（路線バスあるいは徒歩）
17時16分	高田駅
↓	（えちごトキめき鉄道）
17時57分	妙高高原駅
↓	（路線バス1807発）
18時38分	赤倉銀座（赤倉温泉泊）

2日目

9時47分	赤倉銀座
↓	（路線バス1003着）
10時13分	妙高高原駅
↓	（えちごトキめき鉄道）
10時52分	上越妙高駅（1124発）
↓	（北陸新幹線）
11時51分	黒部宇奈月温泉駅／新黒部駅（1203発）
↓	（富山地方鉄道）
12時25分	西魚津駅
↓	（徒歩）
12時40分	魚津水族館
↓	（食事・徒歩）
14時18分	西魚津駅
↓	（富山地方鉄道）
15時9分	電鉄富山駅
↓	（市電あるいは徒歩／富山駅→丸の内）
15時30分	富山城址公園
↓	（市電あるいは徒歩／丸の内→富山駅）
16時46分	富山駅
↓	（あいの風とやま鉄道1704着）
17時27分	高岡駅
↓	（在来線）

17時47分	雨晴駅
↓	（送迎車5分・TEL要）
	雨晴温泉　磯はなび（泊）

3日目

9時	雨晴温泉　磯はなび
↓	（送迎車5分・TEL要）
9時38分	雨晴駅
↓	（在来線）
10時	高岡駅
↓	（徒歩）
10時30分	瑞龍寺
↓	（拝観・徒歩）
11時30分	新高岡駅
↓	（北陸新幹線）
11時43分	金沢駅
↓	（路線バスあるいはタクシー）
12時30分	近江町市場
↓	（徒歩）
13時30分	金沢城跡
↓	（徒歩）
14時30分	兼六園
↓	（徒歩あるいはタクシー）
15時30分	香林坊・長町武家屋敷跡
↓	（路線バスあるいはタクシー）

17時20分	金沢駅
↓	（北陸新幹線）
17時39分	加賀温泉
↓	（路線バス1755発）
18時10分	山代温泉西口（泊）

4日目

9時33分	山代温泉西口
↓	（路線バス951着）
10時37分	加賀温泉駅
↓	（北陸新幹線）
11時47分	糸魚川駅
↓	（路線バス1155発）
12時4分	フォッサマグナミュージアム
↓	（見学・路線バス1410→1419）
14時48分	糸魚川駅
↓	（北陸新幹線）
15時	上越妙高駅（駅前散策／1547発）
↓	（えちごトキめき鉄道）
16時3分	直江津駅（1630発）
↓	（在来線）
17時59分	長岡駅（1820発）
↓	（上越新幹線）
18時42分	新潟駅

平成初期に復元された「高田城三重櫓」（新潟県上越市）。城下町高田は上越地方では外せない観光都市だ。

現存する最古の水族館として名高い「魚津市水族館」。地元の水生生物の飼育に力を入れており、ホタルイカの生態研究も行う。

金沢駅起点の石川県回遊プラン（1泊2日）

北陸新幹線とIRいしかわ鉄道の新規開業区間を乗り継ぐプラン。石川県加賀地方の名所を回遊できる。

1日目

9時30分	金沢駅
↓	（IRいしかわ鉄道）
9時33分	西金沢駅／新西金沢駅（942発）
↓	（北陸鉄道）
10時10分	鶴来駅
↓	（徒歩あるいはレンタサイクル）
11時30分	石川県ふれあい昆虫館
↓	（徒歩あるいはレンタサイクル）
12時30分	白山比咩神社
↓	（食事・徒歩あるいはレンタサイクル）
14時20分	鶴来駅
↓	（北陸鉄道）
14時47分	新西金沢駅／西金沢駅（1458発）
↓	（IRいしかわ鉄道）
15時28分	小松駅
↓	（徒歩）
16時	サイエンスヒルズこまつ・こまつ曳山交流館みよっさ
↓	（徒歩）
16時30分	芦城公園
↓	（徒歩）
17時13分	小松駅
↓	（北陸新幹線）
17時20分	加賀温泉駅
↓	（路線バス1755発）
18時27分	山中温泉（泊）

2日目

9時18分	山中温泉
↓	（路線バス）
9時51分	加賀温泉駅
↓	（加賀周遊バス1022発）
11時	中谷宇吉郎雪の科学館
↓	（食事・加賀周遊バス1209→1225）
13時17分	加賀温泉駅
↓	（IRいしかわ鉄道）
13時20分	大聖寺駅
↓	（徒歩）
14時	大聖寺山之下寺院群
↓	（散策と徒歩）
14時43分	大聖寺駅
↓	（IRいしかわ鉄道）
15時24分	松任駅
↓	（徒歩）
16時	白山市立博物館
↓	（見学・徒歩）
17時43分	松任駅
↓	（IRいしかわ鉄道）
17時54分	金沢駅

新潟駅起点の新潟県回遊プラン（1泊2日）

新潟県の主要観光地を回遊。日程的に目的地は鉄道沿線に限定したが、2泊以上が可能なら佐渡島を加えることも可能。

1日目

10時23分	新潟駅
↓	（在来線特急）
12時9分	直江津駅
↓	（徒歩あるいはタクシー）
12時30分	上越市立水族博物館 うみがたり
↓	（食事・徒歩）
14時5分	直江津駅
↓	（在来線・北越急行）
15時43分	越後湯沢駅
↓	（湯沢高原ロープウェイ）
16時	湯沢高原パノラマパーク／高山植物園アルプの里
↓	（湯沢高原ロープウェイ）
18時	越後湯沢温泉（泊）

2日目

10時21分	越後湯沢駅
↓	（上越新幹線）
10時54分	燕三条駅（1217発）
↓	（食事・在来線）
12時29分	吉田駅（土休日は弥彦直通1243着）
↓	（タクシー・弥彦山ロープウェイ）
14時	弥彦神社・弥彦山頂
↓	（弥彦山ロープウェイ・徒歩）
16時10分	弥彦駅
↓	（在来線）
16時19分	吉田駅（1625発）
↓	（在来線）
17時11分	白山駅
↓	（徒歩）
17時30分	白山公園・白山神社
↓	（路線バスあるいはタクシー）
18時50分	新潟駅

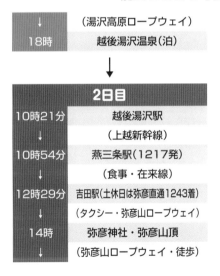

「アルプの里」から見た新潟県湯沢町の中心部。一帯は日本有数のリゾートエリアとして通年賑わう。

- モデルプランは2024（令和6）年3月16日現在の時刻を基に作成した。発車・到着時刻などのダイヤは季節により運休や変更の場合もあり、多客期には本書記載以外の臨時列車が運転されることもある。出発前に最新の情報で確認いただきたい。
- 特記以外は平日ダイヤで作成した。土・日曜、祝日の運転時刻は異なる場合もあるので、ご注意いただきたい。
- プランが3日以上にわたる場合、旅程には土休日が含まれることがほとんどだが、今回掲載プランはすべて平日ダイヤで作成した。
- 一部の市街地路線バスや路面電車などの時刻は割愛した。

北陸割を活用して旅に出かけよう！

北陸地方の「お得なきっぷ」

ガイド

鉄道各社は利用促進を目的とした各種企画乗車券を展開している。特定のエリアが乗り放題となる「フリー乗車券タイプ」、特定駅間の往復運賃＋特急料金などが割引となる「往復タイプ」に大別されるが、近年ではエリアの観光や移動を包括的に割り引くサービスなども増加している。旧来の紙の乗車券は減少傾向にあり、モバイルチケットの形態も増加している。購入場所も駅窓口や旅行会社口のみならず、オンライン限定というケースもあるので、事前の情報収集は必須となる。

ここでは、現在北陸地方で販売されている割引乗車券から、代表的なものをご紹介する。

大人の休日倶楽部会員限定「北陸フリーきっぷ」

「大人の休日倶楽部」会員（入会資格：50歳以上）のみが購入できる、新幹線の往復（指定席）と北陸地方に設定された乗り放題エリア内の「フリーパス」がセットになった乗車券。「東京（都区内）発」（24,000円）と「川口・戸田公園〜大宮発」（23,000円）の設定がある。

前者の新幹線乗車・降車駅は東京、上野の両駅、後者は大宮となり、フリーエリアまでの利用区間は黒部宇奈月温泉、富山、新高岡、金沢、小松、加賀温泉、芦原温泉、福井、越前たけふ、敦賀から選択可能。ただしフリーエリア外での途中下車はできない。

北陸3県のフリーエリア内は新幹線、特急、急行、快速、普通列車の普通車自由席に4日間乗り放題。JR西日本線はもちろん、あいの風とやま鉄道線、IRいしかわ鉄道線、ハピラインふくい線の全区間で乗り降り自由となる。

北陸新幹線の単純往復だけでもモトが取れる計算なので、その利用価値は極めて大きい。北陸新幹線と第三セクター鉄道などの乗り比べを楽しみたい鉄道ファンにもお勧めだ。

フリーエリア内では、駅レンタカーのSクラス、Aクラスを特別割引料金で利用できる。また指定されたエキナカや駅ビルでの商品購入やサービスの代金が10%引きになるほか、美術館や博物館などの文化施設で割引やサービス、記念品の贈呈などの特典を受けられるので、観光をじっくり楽しみたい向きにもお勧め。

現時点で発表されている利用期間は、2024年3月16日（土）〜翌年4月3日（木）。ただし多客期にあたる4月27日（土）〜5月6日（月）、8月10日（土）〜19日（月）、12月28日（土）〜2025年1月6日（月）は利用できないので注意が必要。

■北陸フリーきっぷのフリーエリア

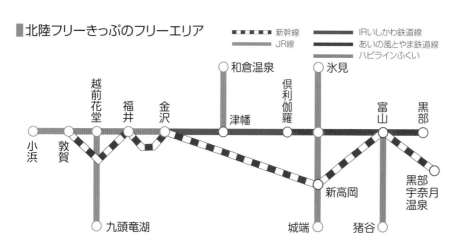

凡例：新幹線 / JR線 / IRいしかわ鉄道線 / あいの風とやま鉄道線 / ハピラインふくい

越前花堂、福井、金沢、和倉温泉、氷見、津幡、倶利伽羅、富山、黒部、小浜、敦賀、九頭竜湖、城端、新高岡、猪谷、黒部宇奈月温泉

■シニア世代の旅を応援する「大人の休日倶楽部」

JR東日本が提供する会員制のサービス。入会すればJR東日本とJR北海道のエリアをお得に旅行できるほか、会員限定の各種特典が受けられる。

現在の会員には「大人の休日倶楽部ミドル」と「大人の休日倶楽部ジパング」の2種類があり、共に「大人の休日倶楽部ジパングカード」というビューカードへの入会が条件。会員割引きっぷを購入する際は、このカードによるクレジット決済が求められる。

「ミドル」は、男女ともに満50歳以上64歳以下であれば入会可能（2024年4月1日より）。年会費はカード年会費合わせて2,624円。201km以上のJR線を片道・往復・連続のいずれか利用する場合、旅行運賃や料金が一律5%引きになる。

一方「ジパング」は、男女ともに満65歳以上であれば入会可能（2024年4月1日より）で、同時にJRグループ旅客6社が提供する「ジパング倶楽部」へ入会することができる。年会費はカード年会費合わせて4,364円。こちらは201km以上のJR線を片道・往復・連続のいずれかで利用する場合、旅行運賃や料金が一律30%引きになる。

その他にも両者の共通の特典として、駅レンタカーや指定された店舗での割引、会員限定のツアー旅行、会員限定の「趣味の会」講座、会員雑誌「大人の休日倶楽部」の送付などがあるが、最も注目すべき特典は「大人の休日倶楽部会員パス」が購入できる権利が付与されることである。

このパスは通年、東日本、東日本・北海道、北海道の3種類が用意されている。東日本・北海道版の販売価格は26,620円だが、東京〜新函館北斗間の単純往復（46,860円）だけでも20,260円もお得になる計算。それぞれグリーン車も販売されるので、贅沢な旅を楽しみたい向きにもお勧め。JR東日本エリアでは北越急行線、伊豆急行線、富士急行線なども含まれるので、自由度の高い旅が楽しめる。

本誌編集部が推したいこの切符の魅力

エリア内の北陸新幹線が乗り放題となるのが最大の特典。これにより短距離区間でも特急料金を気にすることなく新幹線を使い倒せる。さらに、第三セクター鉄道やJRのローカル線も乗り放題となるので、北陸地方の観光名所の多くをカバーすることができる。

【結論】
新幹線主体の移動ができることが最大の魅力。さらに、第三セクター鉄道やJRのローカル線も組み合わせたワイドな旅が楽しめる。

新幹線 e チケット　トクだ値シリーズ

新幹線 e チケットはJR東日本が提供するチケットレス・サービス。PCかスマホから「えきねっと」に会員登録者に提供され、予約を紐づけたモバイルSuica や交通系 IC カードを自動改札機にタッチすることにより、紙の切符の発券・携行することなく新幹線に乗車できる。通常の紙のきっぷより指定席の場合200円安い。

さらに、早期購入を条件とする割引サービスも展開しており、乗車日前日の 23時50分までの予約を条件に10%割引で販売される「トクだ値1」（旧「えきねっとトクだ値」）、乗車日 14 日前の 23時50分までに予約すれば30%割引で販売される「トクだ値 14」（旧「お先にトクだ値」）、乗車日21日前の23時50分までに予約すれば、半額になるのが「トクだ値スペシャル 21」（旧「お先にトクだ値スペシャル」）の3種が展開されている。

いずれも新幹線路線の全区間で発売されるわけではなく、多くの利用が見込める特定の区間にのみ設定される。販売される区間や価格は「えきねっと」のホームページ上にて随時公開されているので、利用を検討する際にはこまめに情報収集しておく必要がある。

なお、「トクだ値」各種を利用する場合、長距離乗車券に適用される「東京都区内」の特例は使えない。例えば品川から東京駅で新幹線に乗り継ぐ際、普通乗車券の場合には品川〜東京の運賃は免除されるが、「トクだ値」各種を利用する場合は通常通りの支払いが必要になる。

首都圏から北陸新幹線に乗車する際には「トクだ値」の利用価値が高い。割引率の高さはもちろん、オンラインで予約・購入が完結する手軽さも魅力。

本誌編集部が推したいこの切符の魅力

新幹線の駅間に設定されるこの乗車券、首都圏と北陸を往復する際には文字通り驚くほど安く購入することができる。特に乗車日の21日前までに購入することで既定の運賃＋特急料金が半額となる「トクだ値スペシャル21」は、文字通り驚くほどのおトクな価格。

【結論】
北陸の拠点都市との単純往復する場合や、北陸エリア内での鉄道移動にこだわらない場合は、この切符の購入が絶対にお勧めだ。

通常運賃＋料金との比較

東京〜金沢間
（トクだ値1）12,760円（1,620円お得）
（トクだ値 14）9,920円（4,460円お得）※期間限定
（トクだ値スペシャル 21）7,090円（7,290円お得）
　　　　　　　　　　　　　　　　　　　※期間限定

東京〜敦賀間
（トクだ値1）14,530円（2,030円お得）
（トクだ値 14）11,310円（5,250円お得）
（トクだ値スペシャル 21）発売未定

※通常期で計算（以下同）。

北陸観光フリーきっぷ

JR東海（東海旅客鉄道株式会社）が販売する、北陸エリアの周遊型きっぷ。「ひだ&しらさぎコース」と「しらさぎ&ひだコース」の2種類のコース設定がある。

「ひだ&しらさぎコース」の場合は、自由周遊区間までの往路は特急「ひだ」号、復路は特急「しらさぎ」号の普通車指定席、もしくは自由席が利用できる。

一方「しらさぎ&ひだコース」は、自由周遊区間までの往路は特急「しらさぎ」号、復路は特急「ひだ」号の普通車指定席、もしくは自由席を利用するのが条件となる。このように、各コースとも、特急「ひだ」号、特急「しらさぎ」号を往路・復路で使い分けることが条件となるユニークな乗車券なのだ。

自由周遊区間までの行程でも、下呂、高山、飛騨古川では途中下車が可能となる（これ以外の途中駅で下車した場合はすべて無効となり、再度乗車することはできないので注意が必要）。

特急列車の普通車指定席を利用できるのは、往路か復路どちらか片道1回限りとなるが、特急「ひだ」号で下呂、高山、飛騨古川で途中下車した場合に限っては、乗継の列車も普通車指定席を利用することができる。

名古屋、浜松、静岡から米原の間では、東海道新幹線の「ひかり」「こだま」の普通車指定席、自由席に乗車可能で、改札口を出ない限りは新幹線の列車間の乗継利用も可能である（「のぞみ」を除く）。

北陸地区の自由周遊区間内は、北陸新幹線の普通車自由席、JR線、IRいしかわ鉄道線、あいの風とやま鉄道線の特急・普通列車の普通車自由席が乗降自由となる。北陸新幹線の延伸開業により、自由周遊区間で乗車できる鉄道会社にハピラインふくいが新しく加わるとともに、新幹線の乗車区間も敦賀まで延びたので、さらに使い勝手が向上した。なお、全車指定席の北陸新幹線の「かがやき」号、特急「花嫁のれん」号は乗車できない。

有効期間は4日間。利用期間、発売期間ともに通年だが、4月27日〜5月6日、8月10日〜8月19日、12月28日〜翌年1月6日の多客期には利用不可となる。

きっぷは主な旅行会社の支店、営業所以外では、三河安城、岐阜羽島、東海道線（新蒲原〜岐阜）、中央線（鶴舞〜木曽福島）、高山線（長森〜美濃太田）、関西線（八田〜亀山）、紀勢線（下庄〜熊野市）、参宮線、飯田線、太多線、武豊線の有人駅と、サポートつき指定席券売機設置駅でも購入が可能。

また「かえり券」（復路の乗車券）を金沢、富山の各観光案内所に提示すると、この乗車券の保持者を対象とする割引特典が記載されたガイドブックが進呈される。

本誌編集部が推したいこの切符の魅力

北陸の自由エリアの周遊のみならず、往路か復路で飛騨地方に立ち寄ることもできるワイドでマルチなきっぷ。往路と復路で異なる特急列車に乗車できるのも、乗り物好きには堪らない魅力だ。北陸地方の主要部をカバーしているので、観光にもビジネスにも重宝することだろう。

【結論】
中京地方や静岡県から北陸を回遊する旅を計画している場合は、絶対に買うべき乗車券。特急列車の乗り比べも楽しめる。

販売区間と販売価格

名古屋市内〜北陸自由周遊区間	大人17,220円	小人8,610円
浜松〜北陸自由周遊区間	19,280円	9,640円
静岡〜北陸自由周遊区間	20,290円	10,140円

WEB早特

JR西日本のインターネット列車予約サービス「e5489」で予約・購入することにより、通常の価格より安く購入することができる早割きっぷで、乗車券と特急券がセットで販売される。

北陸新幹線敦賀開業後も、大阪〜敦賀間の特急列車として運転される特急「サンダーバード」。西日本から北陸方面に向かう際には利用価値が高い列車だ。

通常運賃＋料金との比較

大阪市内〜富山
「WEB早特7」9,250円（1,040円お得）
「WEB早特14」8,730円（1,560円お得）

名古屋市内〜富山
「WEB早特7」9,060円（1,980円お得）

新幹線eチケット（トクだ値）の京阪神発着版に相当する商品とされており、1週間前（7日前）までの購入による「WEB早特7」と、2週間前（14日前）までの購入による「WEB早特14」の2種類が設定されている。

関西から敦賀までは、特急「サンダーバード」の普通車指定席、および北陸新幹線の普通車指定席が、また中京から敦賀までは特急「しらさぎ」の普通車指定席、および北陸新幹線の普通車指定席が利用できる。そのため、①敦賀駅で在来線特急と新幹線を乗り継ぐ場合、②七尾・和倉温泉発着において、金沢駅で新幹線と在来線特急同士を乗り継ぐ場合、③北陸新幹線内で新幹線同士を乗り継ぐ場合、④「中京〜北陸地区」間において、米原駅で新幹線と在来線特急を乗り継ぐ場合に、在来線特急同士、新幹線同士、または新幹線と在来線特急の乗継利用が可能となる。その他は乗車駅から降車駅まで直通運転する列車に限り、利用できる。

発売期間は2024年2月16日〜2025年3月24日まで、利用期間は2024年3月16

本誌編集部が推したいこの切符の魅力

新幹線に限らず、京阪神から南紀・山陰・鳥取・北近畿方面の特急列車がお特になるこの乗車券。片道でも販売されているので、往復のいずれかを航空、高速バスとすることも可能となる。「WEB早特21」は割引率も高いので、旅行日程が決まったら早めに押さえておきたい。

【結論】
京阪神から北陸の往復ではぜひ利用したい乗車券。割引率の高い「WEB早特14」が利用できるよう、日程決定はお早めに。

日〜2025年3月31日までとなる。ただし「中京〜北陸」設定の区間については、GWの4月27日〜5月6日、お盆の8月10日〜19日、年末年始の12月28日〜1月6日は利用できない。

このように関西方面からの長距離きっぷの特典が使用可能な一方、事前の購入が必要であることから、綿密な旅行計画が必要。予約できる席数には限りがあるのと、「中京〜北陸」設定の区間は「WEB早特14」の設定がないので、注意が必要である。

立山黒部アルペンきっぷ

日本を代表する観光ルート「立山黒部アルペンルート」。交通機関の連絡も良好で、約3時間で全行程を走破することができる。

本誌編集部が推したいこの切符の魅力

国内を代表する観光ルート「立山黒部アルペンルート」は、機会があればぜひ訪れたいゴールデンコース。区間内では多くの交通機関を乗り継ぐ必要があるが、この乗車券の利用によりそれらの交通機関にスムーズに乗車できる。割引率も高く設定されており、その利用価値は大きい。

【結論】
東海・西日本エリアから立山黒部アルペンルートに向かう際には、この乗車券の購入を強くお勧めする。

国内有数の名峰を公共交通機関で乗り継ぐことができる人気の「立山黒部アルペンルート」を利用する際に重宝する割引乗車券で、ルート内の鉄道、ロープウェイ、バス、トロリーバス、ケーブルカーの乗車券（片道）と、アルペンルートの起点・終点にあたる富山駅、信濃大町駅までの乗車券＋特急料金がセットとなっている。

ルートの起点と終点までは、往復とも特急列車の普通車指定席を利用でき、一部区間では新幹線の普通車指定席、自由席も利用可能。有効期間は8日間で、利用期間は4月15日から11月30日まで。ただしGWとお盆の繁忙期は利用できない、有効期間中に利用できない期間にまたがる場合、有効期間の延長はできない、などの制約がある。

出発地は東海〜西日本エリアに限られるものの、出発地の設定が多いのも魅力的。アルペンルートは時期によってはかなり混雑するので、都度乗車券購入の必要がない周遊券タイプの乗車券は、現地でかなり重宝すること間違いない。

購入は主な旅行会社、出発地指定のJR東海、JR西日本のきっぷ売り場のある駅、サポートつき指定席券売機の設置駅に限られる。

アルペンルートのハイライト「黒部ダム」

通常運賃＋料金との比較

出発地：静岡（往路：高山本線、復路：中央本線）
27,580円（12,670円お得）

出発地：大阪市内（往路：北陸本線、復路：大糸線、北陸本線）
26,940円（10,790円お得）

北陸3県2dayパス

「あいの風とやま鉄道」、「IRいしかわ鉄道」、「ハピラインふくい」の全区間（越中宮崎〜敦賀間）が2日間乗り放題となるデジタル乗車券（大人2,800円）。北陸新幹線の金沢〜敦賀間が開業したことにより、北陸3県に並行する第三セクター会社が繋がることを記念して発売された。

2024年3月16日〜2025年3月31日までの土、日、祝日とその翌日、およびGWや夏休み、シルバーウィーク、年末年始

北陸新幹線の敦賀延伸で路線延長が大幅に伸びたIRいしかわ鉄道。あいの風とやま鉄道とハピラインふくいとともに、北陸の主要都市を連絡する。

本誌編集部が推したいこの切符の魅力

並行在来線としてJR西日本から分離された旧北陸本線の敦賀〜市振間の第三セクター鉄道3社が乗り放題となるこの乗車券。定額制のフリー切符なので「乗れば乗るほど安くなるの」だが、敦賀〜金沢間の片道運賃が2,730円であることを考えても、その割引率の高さに改めて驚かされる。

【結論】
北陸地方の第三セクター鉄道に乗車することが決まっていたら、とりあえず購入しておくことをお勧めする。

に利用できる。MaaSアプリでの販売・利用を前提としており、本年3月20日現在、「tabiwa by WESTER」（タビワバイウェスター）「RYDE PASS」（ライドパス）は2024年3月9日から、「my route」（マイルート）で購入が可能となった。敦賀〜市振間の単純往復でも7000円以上の割引となり、使い方によってはかなりお特に利用することができる。

デジタル乗車券の画面提示により、

沿線の博物館や美術館などの文化施設を割引料金で利用でき、記念品を貰えるなどの特典がある。ただし記念品に関しては在庫がなくなり次第、配布を終了する施設もあるとのこと。

同様の内容のサービスが提供されていた「北陸おでかけtabiwaパス」（現在は設定終了）は3日前までの購入が必須だったが、今回は利用当日の購入が可能になり、一段と利用しやすくなった。

えちごツーデーパス

JR東日本が発売するフリータイプのきっぷ。新潟を中心としたフリーエリア内の普通列車、快速列車の普通車自由席が2日間乗り放題。利用開始日の1ヶ月前から開始日までの発売で、現時点では2025年3月29日までの設定がアナウンスされている。

利用できるのは金、土、日、祝日、GW、夏休みや年末年始の繁忙期の連続する2日間に限られる。平日の利用はできない。また上越新幹線、特急列車や指定席も利用できるが、別に特急券や指定席券が必要になる。ただし北陸

新幹線の新潟県内区間（上越妙高〜糸魚川間）は特急料金を追加で支払っても利用できない。2024年4月5日利用分から販売金額が改訂され、大人2,800円、小人1,400円となった。なお、大人の休日倶楽部会員は1,690円の割引価格で購入できる。

その他、新潟県内のJR線が乗り放題となる乗車券には、「週末パス」などJR東日本管内が乗り放題となるものもあるので、目的地が新潟県内のみの場合はJR東日本のウェブサイトや時刻表などもチェックしておきたい。

本誌編集部が推したいこの切符の魅力

新潟県内のJR東日本の各路線が乗り放題となるため、新潟県の大部分の都市や観光名所に鉄道利用で気軽に訪れることができる。新潟〜柏崎の片道運賃が1,690円なのでこの区間の単純往復でもモトがとれる計算。回遊型の旅行にはなお重宝する。

【結論】
新潟県内で時間にある程度余裕がある旅程を組む場合は、この乗車券の利用がお勧め。

のりまっし金沢

「金沢MaaSコンソーシアム」が提供するデジタル交通サービス。北陸鉄道はじめ、JR西日本、西日本ジェイアールバス、その他の関係団体によって、2021（令和3）年8月20日に開始された。

Webアプリ「のりまっし金沢」からキャッシュレスで購入。スマートフォンを提示するだけでチケットレス乗降が可能になるほか、人数分の乗車券を一括購入することも可能である。複数の交通機関がチケットレスでシームレスに利用できるメリットは利用者にとっても大

きい。

参加各交通事業者の各種乗車券に対応しており、北陸鉄道の「鉄道線全線1日フリー乗車券」（1,100円）やバスと北陸鉄道浅野川線、石川線の指定区間が利用できる「金沢市内1日フリー乗車券」（800円）もある。

往復の普通運賃より最大5割引になる「石川線〜金沢まちなかマル得きっぷ」、「新西金沢駅マル得半額きっぷ」なども購入可能。

本誌編集部が推したいこの切符の魅力

近年急速に普及しているモバイル乗車券で、購入はオンライン、利用は画面提示で事足りる気軽さが魅力。北陸鉄道や北陸鉄道バスは金沢都市圏の大抵の場所をカバーしているので、利用価値が大きい。

【結論】
モバイル乗車券を試す絶好の機会と心得て、使ってみまっし（使ってみよう）。

あいの風とやま鉄道のフリー乗車券

　富山県を横断するあいの風とやま鉄道は複数のフリー乗車券を販売している鉄道会社。

　「1日フリーきっぷ」はあいの風とやま鉄道の石動〜越中宮崎間の普通列車に1日乗り放題。販売価格は大人1,500円、小人半額で、16の有人駅の窓口か、スマホアプリ「my route（マイルート）」で発売する。

　「あいの風・IR 1日フリーきっぷ」は、あいの風とやま鉄道とIRいしかわ鉄道の共同きっぷで、こちらは紙の乗車券となる。金沢〜越中宮崎駅の普通列車に1日乗り放題。価格は大人2,000円（小人1,000円）。あいの風とやま鉄道の有人駅の窓口と、IRいしかわ鉄道の東金沢、森本、津幡の駅窓口と、金沢駅のIRお客さまカウンターで発売。

　いずれも土、日、祝日とGW、お盆、年末年始の特定期間に1日間のみ有効。「あいの風ライナー」を利用する時はライナー券300円が別途必要である。

富山地方鉄道のフリーきっぷ

　北陸地方最大の規模を誇る私鉄である富山地方鉄道は、2種のフリー切符を販売する。

　「鉄道線・市内電車1日フリーきっぷ（夏）」は富山地方鉄道の鉄道線、軌道線全線が1日乗り放題で、特急列車の自由席も利用できる。4月1日〜11月30日まで有効で、販売価格は大人2,600円、小人1,300円。電鉄富山〜宇奈月温泉間の普通運賃が1,880円なので、単純往復だけでもモトが取れる。

　一方、「市内電車・バス1日ふりーきっぷ」は富山地方鉄道の市内電車と鉄道線（電鉄富山〜南富山までの区間）、バス（富山駅前から280円区間）が1日乗り放題で大人650円、小人330円。富山市内線の大人運賃は210円（均一制）なので、こちらは4回の乗車でモトが取れる計算。いずれも割引幅が大きく使い勝手がよい。

　購入は富山地鉄の富山乗車券センター、西町乗車券センター、当社有人

駅の各駅ほか、前者はANAクラウンプラザホテル富山、ホテルJALシティ富山、ホテルヴィスキオ富山。後者は市内電車内ほか、富山駅前地鉄バス案内所、富山自動車営業所でも販売される。

万葉線1日フリーきっぷ

　万葉線が1日乗り放題となるフリーきっぷ。紙の乗車券で電車内でも購入が可能。大人900円、小人450円。「親子セット」は大人1,100円、小人250円とさらにお得になる。

　乗車券購入者には高岡市と射水市で利用できる、レンタルサイクル無料券を進呈され、観光者の街歩きが便利になる（高岡市のレンタサイクルの営業所は4〜11月のみの営業となるので注意が必要）。

　インターネットの「BASE万葉線ショップ」では「藤子・F・不二雄先生生誕90周年記念万葉線1日フリーきっぷ」も2024年11月30日まで、万葉線1日フリーきっぷと同額で発売されるが、売切れ次第販売は終了する。

　また万葉線の1日フリー乗車券と海王丸乗船券をセットした「万葉線・海王丸セットクーポン」も、大人1,100円、小人550円で販売される。

福井鉄道・えちぜん鉄道共通1日フリーきっぷ

福井市内の併用軌道区間を行く福井鉄道880形電車。

　県都・福井を中心に路線網を有する、福井鉄道、えちぜん鉄道両社の全線が1日乗り放題となる。利用可能期間は土、日、祝日、年末年始で、大人1,400円、小人700円。それぞれのフリー乗車券を購入するより、200円お得になる（大人の場合）。

　販売箇所は福井鉄道の各有人駅の窓口。福井鉄道のたけ

ふ新、北府、西鯖江、神明、浅水、赤十字前、福井駅、田原町、えちぜん鉄道の福井、福井口、永平寺口、勝山、福大前西福井、あわら湯のまち、三国の各駅自動券売機でも購入可能。福井鉄道では運転士、えちぜん鉄道ではアテンダントから直接購入することもできる。

北陸3県＋新潟県 エリア観光情報

新鮮な魚介類が楽しめる

近江町市場

石川県金沢市

古風な街並みが残る

宿根木集落

新潟県佐渡市

奇岩が連なる景勝地

東尋坊

福井県坂井市

毎年9月に開催される

おわら風の盆

富山県八尾市

新潟

石川　富山

福井

令和6年能登半島地震で被害を受けた福井・石川・富山・新潟では、北陸割を始めとする観光誘客プランが続々と誕生している。ここからは北陸3県＋新潟県の魅力に迫るとともに、エリアごとに異なる地域の特徴についてもご紹介する。

石川県の観光名所

中核都市・金沢市を中心に北側に能登半島、南側に加賀地方と、著名観光エリアが連なる石川県。鉄道や高速道路・高規格道路も整備されている。金沢・能登・加賀・白山の4エリアに大別される県内各地には著名観光地が多数立地しており、効率の良い周遊をプランニングする際には、丹念に情報収集しておきたい。旅行日程に制約があれは、古都金沢とその周辺に絞るのが現実的。兼六園、金沢21世紀美術館、金沢城、ひがし茶屋街、主計町茶屋街、近江町市場、尾山神社、長町武家屋敷跡など市街地には見どころが多く、目移りするほどだ。香林坊や片町などの繁華街を散策するのも楽しい。

能登エリア

金沢エリア

加賀エリア

白山エリア

Data

県庁所在地：金沢市
面積：4,186㎢
人口：約110万6,000人
県の木：アテ
県の花：クロユリ
県の鳥：イヌワシ

石川県内のエリア紹介

■金沢エリア

加賀百万石の城下町として栄えた金沢は、北陸新幹線の金沢駅があり、人口約45万7,000人を擁し、北陸三県では最大の都市である。日本三名園のひとつ「兼六園」や長町武家屋敷跡、茶屋街など金沢城周辺には昔ながらの街並みが残る。

伝統工芸も盛んで、博物館、美術館も多く歴史と文化の息づく町である。おしゃれなショップやカフェ、バーなどのある繁華街、香林坊や片町も近くにあり、伝統と新しいモノのコントラストがおもしろい。

■能登エリア

残念ながら、能登半島地震の震源域となり甚大な被害を被ってしまったが、一刻も早い能登半島被災地域全域の復旧を願いたい。本来は日本海に突き出した美しい海岸線が魅力の能登エリア。のと里山空港を北陸への旅の玄関口としても良い。

白米千枚田に代表される「能登の里山里海」は世界農業遺産に認定されている。また、外浦と内浦では海の表情が大きく変わり興味深い。車が走ることのできる海岸があるなど能登でしかできない体験も多い。開湯1200年の歴史を誇る和倉温泉は全国的に知られている。

■白山エリア

日本三名山のひとつである霊山・白山に抱かれたエリア。創建2100年の白山比咩神社（しらやまひめじんじゃ）は白山信仰の総本宮。登山やトレッキング、ウインタースポーツなど四季折々の自然を楽しみたいならこのエリア。白山と手取川流域はユネスコの世界ジオパークに認定されている地域でもある。車で紅葉の美しい白山白川郷ホワイトロードで岐阜県白川郷へ抜けるのもおもしろい。

■加賀エリア

山代・山中・片山津・粟津の4つの名湯から構成された加賀温泉郷が有名。北陸新幹線の加賀温泉駅が開業し、ますます注目を集めるエリア。小松空港に近く、アクセスの良さも抜群である。世界的に名高い伝統工芸の九谷焼もこのエリアが発祥の地。

▌石川県の鉄道情報

今回の北陸新幹線の敦賀延伸により、県内の新幹線駅は金沢、小松、加賀温泉の3駅となった。旧北陸本線の第三セクター鉄道IRいしかわ鉄道はこれまで金沢〜倶利伽羅間SW営業していたが、今回の新幹線延伸により大聖寺〜金沢〜倶利伽羅間となった。同社は新幹線駅が設置されない都市も直結するため、石川県各地を回る際には新幹線とともに活用したい路線だ。JRの在来線には七尾線（津幡〜和倉温泉間）があり、全列車がIRいしかわ鉄道の金沢〜津幡間に乗り入れる。私鉄の北陸鉄道は金沢駅に隣接する北鉄金沢と内灘を結ぶ浅野川線、市街地南部の野町から鶴来を結ぶ石川線の2路線がある。同社はバス路線網も充実しており、こちらも利用価値が高い。

金沢21世紀美術館

石川県金沢市広坂1-2-1

　近代美術を収蔵・展示する市立美術館。建物が円形なので「まるびぃ」の愛称があり、総ガラス張りで4カ所の出入口が設けられている。館内の交流ゾーンは無料で、市民ギャラリー・ミュージアムショップ・アートライブラリー・カフェレストラン「Fusion21」などがある。展覧会ゾーンは有料で恒久展示作品に加え、多彩な企画展が催されている。現在一部の施設が休館中。金沢駅からバスで約10分、広坂・21世紀美術館下車すぐ。

●展覧会ゾーンの入館料は内容や時期によって異なる
●展覧会ゾーンの開館時間：10〜18時（金・土曜は〜20時）
●定休日：月曜（祝日の場合は翌平日）

兼六園

石川県金沢市兼六町1

　日本三名園のひとつで、国の特別名勝に指定されている。1676年に5代藩主・前田綱紀が「蓮池庭」を作ったのが始まりで、幾度かの園庭改造を経て、幕末の1863年に現在の庭の形になった。池泉式回遊庭園で築山・池・茶屋・灯籠などが配され、園内を回遊しながら四季折々の自然美が堪能できる。木の枝を雪から守るために施される「雪吊り」も冬の風物詩として知られている。金沢駅からバスで約12分、兼六園下・金沢城下車徒歩5分。

●入園料320円、早朝4時（季節変動あり）〜通常開園の15分前までは無料
●入園時間：7〜18時（10月16日〜2月末日は8〜17時）
●定休日：無休

のとじま水族館

石川県七尾市能登島曲町15-40

　のとじま臨海公園内にある石川県唯一の水族館で、能登半島近海の魚介を飼育・展示する。広く全体を観察できる一体型アクリル水槽のある「のと海遊回廊」や、水量1200t、長さ22mの日本最大級のトンネル水槽がある「イルカたちの楽園」はじめ、ペンギンのお散歩タイムやイルカ・アシカショーなどのイベントも楽しい。現在は能登半島地震で施設に大きな被害が出て、当面の間休館になっている。早期復旧を願いたい。和倉温泉駅からバスで約36分、のとじま臨海公園下車すぐ。

●入館料：1890円
●営業時間：9〜17時（12月1日〜3月19日は〜16時30分）
●定休日：無休

石川県ふれあい昆虫館

石川県白山市八幡町戌3

　昆虫とのふれあいで自然の大切さが学べる県立の施設。約1600種の標本を展示する「世界の昆虫」、県内の代表的な昆虫を環境別に展示する「石川県の昆虫」、通年で約10種1000匹のチョウが飛び交う温室「チョウの園」、生きた昆虫が観察できる「昆虫ウォッチング」、野外で昆虫を探す「野外生態園・ビオトープ」など昆虫の生態が間近で観察できる。年に数回行われるユニークな企画展も見逃せない。北陸鉄道鶴来駅から徒歩20分。

●入館料：410円
●営業時間：9時30分〜17時（11〜3月は〜16時30分）
●定休日：火曜（祝日の場合は翌平日）

宇宙科学博物館 コスモアイル羽咋

石川県羽咋市鶴多町免田25

　羽咋市は江戸時代から未確認飛行物体の目撃例があったことから、「UFOのまち」としての町おこしを目的にこの施設が1996年に開館した。宇宙科学展示室ではアメリカや旧ソ連が開発した宇宙船や宇宙機材を展示し、人類の宇宙開発史を学ぶことができる。コスモシアターはプラネタリウムのドーム型スクリーンで宇宙・星座・科学などをテーマとした作品を上映している。ミュージアムショップの宇宙食も人気で、他にもここでしか入手できない宇宙グッズも種類豊富。羽咋駅から徒歩8分。

●入館料：900円（宇宙科学展示室＋コスモシアター）
●営業時間：8時30分〜17時
●定休日：火曜（祝日の場合は翌平日）

安宅の関

石川県小松市安宅町

　平安末期、源義経一行が山伏に扮して奥州藤原氏のもとへ落ち延びようとした際、関守の富樫泰家に見咎められたが、弁慶の機転で難を逃れたという伝説の関所跡。歌舞伎「勧進帳」や謡曲でも知られる。現在は安宅住吉神社の境内が「安宅の関跡」として石川県史跡に指定されているが、当時の遺構はない。復元した冠木門と日本海に面した松原に石碑と義経、弁慶、富樫泰家の像が立つ。なお、銅像の武蔵坊弁慶は七代目松本幸四郎、富樫泰家は二代目市川左團次がモデルとのことだ。「勧進帳ものがたり館」にも寄りたい。

●勧進帳ものがたり館入館料：300円
●同館営業時間：9〜17時
●同館定休日：水曜（祝日の場合は翌日）

富山県の観光名所

富山平野の富山市、砺波平野の高岡市が都市圏を形成しており、多くの観光名所が両都市圏に立地する。田園地帯には屋敷林に囲まれた住居が連なっており、富山ならではの特徴的な光景となっている。立山、黒部の山岳エリアも富山市とのアクセスが良好だが、岐阜県との県境に位置する五箇山エリアは高速道路利用が便利なので、レンタカーの利用も考慮したい。

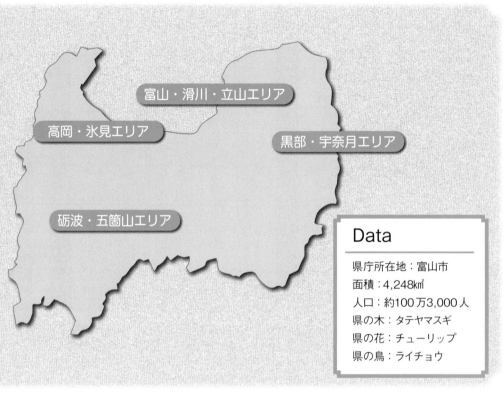

富山・滑川・立山エリア

高岡・氷見エリア

黒部・宇奈月エリア

砺波・五箇山エリア

Data

県庁所在地：富山市
面積：4,248㎢
人口：約100万3,000人
県の木：タテヤマスギ
県の花：チューリップ
県の鳥：ライチョウ

富山県内のエリア紹介

■富山・滑川・立山エリア

富山市は新幹線の駅や空港があり、富山県の玄関である。屏風のような3000メートル級の立山連峰と富山湾に囲まれたエリア、北前船で栄え古い町並みの残る岩瀬や「おわら風の盆」で知られる八尾、ホタルイカで有名な滑川など魅力的な町が多い。県を代表する観光スポット、立山黒部アルペンルートおよび黒部ダムは立山町にある。海から山まで存分に楽しみたい。

■黒部・宇奈月エリア

大正時代以来の電源開発の歴史ととも

に歩んで来たエリア。新緑や紅葉の魅力的な黒部峡谷や宇奈月温泉は県内でも有数の観光スポットだ。2024（令和6）年10月には黒部宇奈月キャニオンルートが黒部ダムへの新ルートとして解放されるなど、ますます注目度が向上しているエリア。海側に目を向ければ、魚津市は蜃気楼と埋没林が有名である。

■高岡・氷見エリア

加賀前田家により開かれた城下町の高岡と氷見は、万葉集ゆかりの地として知られている。県下第二の都市である高岡には古い町並みが残り、高岡銅器など伝

統工芸が盛んで歴史と文化が息づいている。海越しに立山連峰が見えるのもこのエリア。氷見・新湊では寒ブリや白えびを始めとする富山湾の海産物を楽しみたい。

■砺波・五箇山エリア

世界遺産の五箇山の合掌造り集落や、砺波平野の散居村と呼ばれる独特な田園風景など、日本の原風景を見せてくれるエリア。絹織物で栄え"越中の小京都"と言われる城端や、日本遺産に認定された彫り物で知られる井波など街歩きも楽しい。日本一の規模を誇る砺波平野のチューリップ畑もフォトジェニックだ。

▌富山県の鉄道情報

北陸新幹線が県域を横断しており、黒部宇奈月温泉・富山・新高岡の3駅が設置されている。旧北陸本線は2015（平成27）年3月の北陸新幹線長野～金沢開業時にJR西日本から経営分離され、あい

の風とやま鉄道（市振～倶利伽羅間）として分離独立している。同線は黒部・滑川・富山・小杉・高岡・石動など県内主要都市を直結しており、観光で訪れた時にも利用価値が高い。高岡からはJR氷見線（高岡～氷見間）、JR城端線（高岡～新高岡～城端間）、万葉線が分岐。富

山地方鉄道は本線、立山線、不二越・上滝線のほか、路面電車の市内線も運行している。富山港線はもともとJRの路線だったが、路面電車化されて市内線と一体化された。このほか、JR高山本線が富山に乗り入れ、名古屋～富山間には特急「ひだ」も運転される。

富山市民俗民芸村

富山市安養坊1118-1

　富山市西部の呉羽丘陵に設置された博物館・資料館・美術館など、9施設から成る文化施設集落。施設内の「富山市売薬資料館」では、江戸時代中期に地場特産品となって以来、400年にわたって全国的な知名度を持つ富山ブランドの筆頭格「富山の薬」の歴史を体系的に伝える各種資料を展示・公開。「富山市民芸合掌館」、「富山市民俗資料館」は、江戸時代末期～明治時代初期に建てられた古民家を移築したもので、当時の民家建築様式を今に伝える貴重な建築遺産。富山駅からバスで約10分、富山市民俗民芸村下車すぐ。
- ●入館料：100円(建物1館につき)
- ●開館時間：9～17時
- ●休館日：無休

砺波チューリップ公園

富山県砺波市花園町1-32

　富山県や砺波市の花・チューリップをテーマとした公園で、毎年4月下旬～5月上旬に開催される「となみチューリップフェア」は、300品種300万本が色鮮やかに咲き誇る。チューリップタワーやスカイウォークからの大花壇の地上絵も必見。11月下旬～12月下旬には「KIRAKIRAミッション」が行われ、光の花イルミネーションに癒される。公園西の「チューリップ四季彩館」は通年で鑑賞できる。砺波駅から徒歩12分。
- ●入園料：無料
  (チューリップフェア開催時は入園1500円)
- ●入園時間：フェア開催時は8時30分～17時30分
- ●定休日：無休(フェア開催前10日間と開催後3日間は休)

雨晴海岸

富山県高岡市太田雨晴

　日本海に面した富山県には海岸景勝地が多数立地しており、旅行のプランニングをする際にはぜひ盛り込みたい。海越しに3000m級の山々で構成される立山連峰が一望できる「雨晴海岸」(雨晴駅から徒歩7分)一帯は、大伴家持の歌や松尾芭蕉の『おくのほそ道』にも登場する絶景スポット。岩礁と白い砂浜、青い海が連続する海岸一帯は「日本の渚百選」「白砂青松百選」「日本の海水浴場88選」にも選定された富山県を代表する海岸線として高い人気と知名度を誇る。国道415号に面した「道の駅雨晴」(富山県高岡市太田24-75)のカフェからこの地の絶景を楽しむのもお勧め。夏に訪れた際は海水浴を楽しむのも良いだろう。

高岡大仏

富山県高岡市大手町11-29

　大佛寺にある富山県唯一の大仏。現在の3代目にあたる大仏は高さ15.85m、重量62t。1907年から26年をかけ1933年に完成した。高岡銅器の結晶と言える完成度の高さから、市の有形文化財に指定されている。台座の下は回廊で阿弥陀三尊や諸仏、1900年の大火で類焼を免れた二代目高岡大仏の御尊顔(仏頭)を安置。太平洋戦争時の金属供出も免れるほど地元に愛され、歌人の与謝野晶子が美男と評し、「イケメン大仏」でも有名になった。高岡駅から徒歩10分。万葉線の坂下町電停からは徒歩5分。
- ●拝観料：志納
- ●入館時間：台座回廊は9～17時
- ●定休日：不定休

海王丸パーク

富山県射水市海王町8

　帆船海王丸を中心に日本海交流センターや海王バードパーク、展望広場などを有するベイエリア。海王丸は商船学校の練習船として、1930年に進水してから59年間106万海里(地球約50周)を航海した。全長97m、型幅13m、メインマストの高さは46mにおよぶ。年10回、全部で29枚ある帆を広げる総帆展帆が行われるほか、日没30分後から22時まで毎日ライトアップされる。入館無料の日本海交流センターでは、世界の帆船模型や海洋資料を展示する。万葉線海王丸電停から徒歩10分。
- ●入園料；無料(帆船海王丸は乗船400円)
- ●開園時間：9～17時(夏季～18時、冬季～16時)
- ●定休日：水曜(祝日の場合は翌日)

世界遺産五箇山

富山県南砺市菅沼(菅沼合掌集落)

　五箇山とは南砺市の赤尾、上梨、下梨、小谷、利賀の5つの谷の総称だが、実際には40の集落があり、五箇山の合掌造り集落として世界遺産に登録されているのは、相倉と菅沼の2地区。ともに公開する民俗資料館もある。合掌造りは豪雪地帯のため雪を落下させることを目的に茅葺屋根を大きく傾斜させた独特の建築様式で、平家の落人伝説など秘境感あふれる。相倉・菅沼へは高岡・新高岡・城端の各駅から世界遺産バスが発着し、土・日曜、祝日は城端からのバスが増便される。広範囲なのでフリーきっぷ乗車券か車で周遊したい。相倉集落へは城端駅からバスで約23分、相倉口下車。菅沼集落は城端駅からバスで約37分、菅沼下車。

福井県の観光名所

旧越前と旧若狭で大きく異なる文化と気質

　県都・福井市エリアを中心とする嶺北エリアと、県南の拠点都市敦賀市を中心とする嶺南エリアに大別される。嶺北エリアの東部は奥越エリアと称されることもあり、平野部の福井市一帯とは趣きの異なる山間部の風景が楽しめる。

　越前市や鯖江市を中心とする丹南エリアにも、新幹線の越前たけふ駅が開業しアクセスは大幅に改善された。敦賀市から若狭地方にかけては嶺南エリアと称されているが、若狭エリアは関西との結びつきも強く、福井県内の他の地域とは文化や気質が異なる。

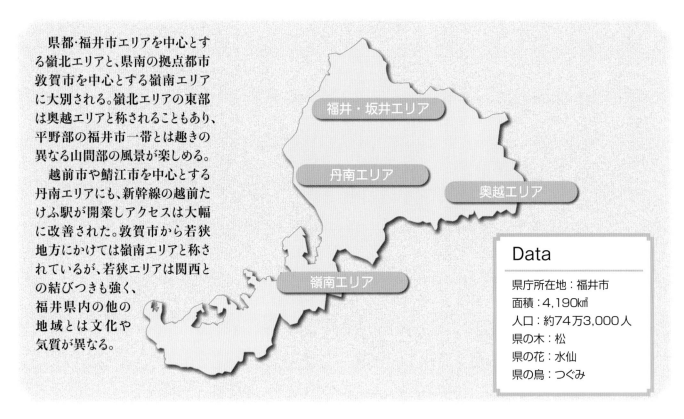

Data

県庁所在地：福井市
面積：4,190㎢
人口：約74万3,000人
県の木：松
県の花：水仙
県の鳥：つぐみ

福井県内のエリア紹介

■福井・坂井エリア

　北陸新幹線の敦賀開業によりアクセスが大きく向上したエリア。エリア内には福井駅と芦原温泉駅の二つの新幹線駅が設置されている。このエリアには福井県を代表する観光地、一乗谷・永平寺への旅の起点となる。迫力のある東尋坊や昔ながらの街並みを残す港町・三国・丸岡城・あわら温泉もこのエリア。雄大な自然と歴史ロマンを楽しみたい。越前ガニを始めとした海の幸が楽しめるポイントが多いことも魅力的だ。

■奥越エリア

　福井市の東に隣接する勝山市・大野市のあるエリア。「北陸の小京都」と言われる越前大野や越前大仏、勝山城、福井県立恐竜博物館など魅力的な観光地が多い。紅葉の美しい九頭竜湖、西日本最大級のスキー場「スキージャム勝山」などウインタースポーツやアウトドアが楽しめるスポットも多い。

■丹南エリア

　海岸沿いに国道305号が通じており、北陸自動車道の武生インターに隣接して北陸新幹線の越前たけふ駅が開業し、ますます注目を集めるエリア。めがねの一大産地である鯖江や伝統工芸の越前和紙、越前漆器の産地もこのエリア。リアス式の越前海岸は絶景が連続。海岸沿いに国道305号が通じており、この一帯では海の幸も楽しめる。

■嶺南エリア

　北陸新幹線の終点となった敦賀駅の位置する敦賀市はこのエリアの中心都市。若狭湾に沿って舞鶴若狭自動車道やJR小浜線が走り、アクセスの良いエリア。1600年もの歴史をもつ大陸に向けられた港町の敦賀や鯖街道、北國街道（北陸道）など幾度も歴史の舞台となってきた地域である。昔ながらの街並みの残る熊川宿や小浜など、いにしえの歴史を今に伝えている。ラムサール条約に登録された三方五湖など自然も楽しみたい。

▌福井県の鉄道情報

　北陸新幹線の開業により、首都圏のみならず中京圏や関西圏への所要時間は大幅に短縮した。在来線の北陸本線は敦賀～大聖寺間が第三セクター鉄道ハピラインふくいに転換されたため、JR北陸本線は米原～敦賀間に短縮された。敦賀からはJR小浜線の列車のほか、湖西線を経由して京都方面に乗り入れる列車も発着する。また、越前花堂～九頭竜湖間にもJRの越美北線が営業しており、全列車がハピラインふくい線を経由して福井駅に乗り入れる。

　福井都市圏には三国芦原線と勝山永平寺線の2路線から成るえちぜん鉄道、福武線を有する福井鉄道の2つの私鉄がある。福武線は福井市内に併用軌道区間があるため、低床車の比率が高い。

写真提供：大本山永平寺

一乗谷朝倉氏遺跡

福井県福井市城戸ノ内町

　1471年に朝倉氏が本拠を構え、以後5代103年間にわたり、京文化の城下町として栄華を極めた。織田信長に滅ぼされた後は田畑や土砂に埋もれたが、1967年からの発掘調査で、庭園や大規模な館跡などが発見された。庭園は国の特別名勝、遺跡は国の特別史跡に指定されている。復原町並以外は無料。4～11月は1日3回、提示ガイド（有料）のサービスもある。JR越美北線の一乗谷駅や「朝倉氏遺跡博物館」「道の駅一乗谷あさくら水の駅」などから無料のレンタサイクルも利用可能。福井駅からはバスで約28分、復原町並下車すぐ。
- 入館料：大人330円
- 開館時間：9～17時
- 定休日：年中無休

東尋坊

福井県坂井市三国町安島

　断崖絶壁が連なる海岸景勝地。溶岩が冷え固まる段階でできる柱状節理の岩肌が約1km連なり、海からの高さは最大約25m。越前加賀海岸国定公園の特別保護区で、国の名勝および天然記念物に指定。海岸沿いに設けられた荒磯歩道や、北西にある雄島近くまで一周する「東尋坊観光遊覧船」や高さ55mの「東尋坊タワー」など、海上や空中からも眺めが楽しめる。「日本の夕陽百選」にも選定。三国港駅からバスで約8分、東尋坊停留所下車すぐ。
- 東尋坊観光遊覧船：乗船1800円。9～16時（11～3月は～15時30分）。無休（天候による運休あり）
- 東尋坊タワー：入館500円。9～17時。無休

曹洞宗 大本山永平寺

福井県吉田郡永平寺町志比5-15

　鎌倉時代の1244年、道元により開山。禅の修行道場として今も多くの修行僧を抱える。法堂・仏殿・僧堂・庫院・山門・東司・浴室からなる「七堂伽藍」が修行のための清浄な場で、法堂・仏殿・山門など19棟が国の重要文化財に指定されている。予約不要な参禅体験（志納金500円）は1日3回行われるが、1泊2日の本格的な体験（2食付1万円）は事前予約が必要となる。永平寺口駅からバスで約19分（平日）、永平寺停留所下車すぐ。福井駅からも直通の京福バス「特急永平寺ライナー」が運転され、約30分で永平寺を結んでいる。
- 拝観料：700円
- 拝観時間：8時30分～16時30分
- 定休日：年中無休

芝政ワールド

福井県坂井市三国町浜地45-1

　日本海に面し広大な芝生広場を有するテーマパーク。ウォーター・パイレーツ・アクティブ・ファンタジー・ゴルフ・リゾートの6つのエリア（一部季節限定）からなる。夏季は日本最大級のリゾートプールが屋内外にあり、様々なスライダーが迫力満点。アトラクションとプール込みのスーパーパスポートもある（一部除く）。園内には2024年3月に恐竜アトラクション「恐竜の森」が開業し、新たな恐竜スポットとして人気を集めている。芦原温泉駅からタクシーで約20分（夏季は臨時バス運行）。
- 入場料・営業時間は季節によって異なる（12～2月は無料）
- 定休日：3～11月無休（12～2月は土・日曜、祝日、年末年始のみ営業）

福井県年縞博物館

福井県三方上中郡若狭町鳥浜122-12-1

　三方湖畔の縄文ロマンパーク内にあり、三方五湖のひとつの水月湖の湖底で発見された世界最長45mの年縞（縞模様の湖底堆積物。当地のものは7万年経過）を展示・紹介する。水月湖に潜るような体験ができる年縞シアター、実物をステンドグラスで展示する7万年ギャラリー、世界の年縞など考古学や地誌学が学べる。園内には「若狭三方縄文博物館」「道の駅三方五湖」もあり縄文博物館との共通割引券もある。JR小浜線の三方駅から徒歩25分（駅にレンタサイクルあり）。
- 入館料：大人500円（縄文博物館との共通券は700円）
- 開館時間：9～17時（入場は30分前まで）
- 定休日：火曜（祝日の場合は翌日）

FRUITFUL GARDEN ひのの実

福井県南条郡南越前町牧谷41-7-7

　2024年1月に南越前町に開業した観光フルーツパークで、施設内ではいちご・ブルーベリー・ぶどうをメインに、様々なフルーツが栽培されている。いちごの栽培品種は11種におよび、それぞれの食べ比べも楽しめる。園内ではフルーツ摘み体験を随時実施しているほか、季節の果実やそれらを使ったスイーツづくりの体験コーナーもあり、福井のフルーツを心行くまで堪能することができる。北陸自動車道南条サービスエリア（上り）、道の駅南えちぜん山海里に隣接する。南条駅から徒歩15分、あるいは越前たけふ駅から車で約10分。
- 営業時間：10～16時
- 定休日：月曜・火曜（祝日の場合は翌日休み）

新潟県の観光名所

律令時代の旧国名・越後は3つのエリアに区分され、京都に近い側から上越、中越、下越に区分されている。政令指定都市・新潟市を中心とする新潟・阿賀エリア、新潟県北部の新発田市や村上市を中心とする村上・新発田エリアは下越に該当、上越新幹線や関越自動車道で直結する首都圏との結びつきが深い。

新潟県中央部に位置する弥彦・燕三条・長岡・柏崎エリアは下越と中越にまたがるが、25万都市長岡の影響力が強い。同じく中越の魚沼・湯沢エリアは、世界有数の豪雪地帯でスキー場が多い。上越に該当する妙高・上越・糸魚川エリアは、北陸新幹線や北陸自動車道が横断しており、富山県との結びつきが強い。佐渡は近世以前には佐渡国として独立しており、現在も特有の文化習俗が残る。

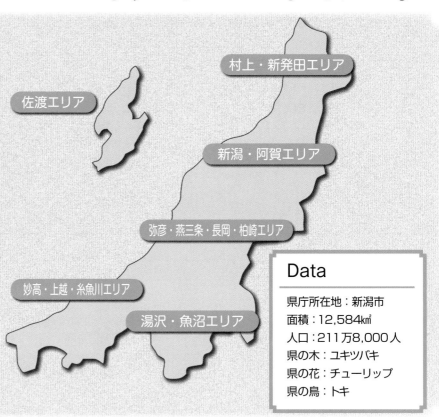

村上・新発田エリア

佐渡エリア

新潟・阿賀エリア

弥彦・燕三条・長岡・柏崎エリア

妙高・上越・糸魚川エリア

湯沢・魚沼エリア

Data

県庁所在地：新潟市
面積：12,584㎢
人口：211万8,000人
県の木：ユキツバキ
県の花：チューリップ
県の鳥：トキ

新潟県内のエリア紹介

■新潟・阿賀エリア

日本海側最大の都市である新潟市は明治元年の開港から150年以上の歴史を誇る港町。県内全域からの物資の集積地であり食事もおいしく、おしゃれなショップが多い。阿賀野川はライン下りを楽しめるほどの雄大な景色が魅力。

■村上・新発田エリア

新潟でも屈指の景勝地である天然記念物"笹川流れ"があるほか、昔ながらの街並みの残る城下町もあり、自然と文化を楽しめるエリア。離島の粟島は近年人気が高まっている。瀬波温泉は日本海に沈む夕日の美しさに定評がある。

■弥彦・燕三条・長岡・柏崎エリア

創建から2400年と言われる彌彦神社をはじめ、"北越の小京都"と呼ばれる加茂市など、歴史を感じさせるエリア。燕・三条は世界的に知られる金属製品の産地。長岡・柏崎・片貝の花火大会は「越後三大花火」と言われ、全国でも屈指の規模を誇る。

■湯沢・魚沼エリア

内陸部に位置する世界でも屈指の豪雪地帯。そのためウインタースポーツのメッカでもある。四季折々の美しい風景の楽しめる秘境・奥只見や星峠の棚田、松之山温泉の美人林など、いわゆる映えスポットも多い。

■妙高・上越・糸魚川エリア

戦国武将・上杉謙信の居城・春日山城や、昔ながらの街並みの残る城下町高田など歴史の息づくエリア。温泉豊富でウインタースポーツの盛んな妙高高原や、日本初の世界ジオパーク認定エリアの糸魚川など、それぞれ街が個性的である。

■佐渡エリア

江戸時代には金山として知られた佐渡島。2004年に島内旧10市町村が合併し、人口約4.7万人の佐渡市として再出発した。自然豊かでトキの生息する島として知られている。伝統のたらい舟体験もおもしろい。島の北部の二ツ亀や大野亀では、エメラルドグリーンに光る魅惑の海岸風景が楽しめる。

▌新潟県の鉄道情報

新潟県には北陸新幹線と上越新幹線の2つの新幹線路線があり、前者には上越妙高・糸魚川の2駅、後者には越後湯沢・浦佐・長岡・燕三条・新潟の5駅がある。在来線は直江津〜新潟間の信越本線、高崎〜宮内間の上越線、新津〜秋田間の羽越本線、新潟〜新発田間の白新線、新津〜郡山間の磐越西線、柏崎〜新潟間の越後線、弥彦〜東三条間の弥彦線など多くの路線があり、県内の主要都市を直結している。第三セクター鉄道のえちごトキめき鉄道は、北陸本線の一部を転換した日本海ひすいライン（市振〜直江津間）、信越本線の一部を転換した妙高はねうまライン（妙高高原〜直江津間）の2路線がある。かつて、首都圏〜北陸間の短絡線として機能ていた北越急行（六日町〜犀潟間）は地域輸送を担っている。

かつては中小私鉄も存在していたが、現在は県内には私鉄は存在しない。

北方文化博物館

新潟県新潟市江南区沢海2-15-25

　1889年に建てられた新潟の豪農・伊藤家本邸で、美術工芸品や伊藤家7代にわたる歴史資料などを展示する。周囲には土塁と濠をめぐらし、門土蔵や主屋、大広間、池泉回遊式庭園や5つの茶室など、「豪農の館」にふさわしい豪壮さを備える。主屋、大広間など主要建造物26件は国の登録有形文化財。予約優先だがスタッフによる無料ガイドもある。新潟駅からバスで約46分、上沢海博物館前下車徒歩2分。分家の新潟分館（新潟駅からバスで約10分、北方文化博物館分館前下車すぐ）もある。

- ●入館料：800円
- ●入館時間：9〜17時（12〜3月は〜16時30分）
- ●定休日：火曜（4・5・10・11月は無休）

彌彦神社

新潟県西蒲原郡弥彦村弥彦2887-2

　社伝によれば前392年の創建で、平安期には越後一宮となって長く信仰されてきた。標高634mの弥彦山を神体山として祀り、山麓に鎮座。主祭神は天香山命。現在の社殿は1916年の再建だが、本殿・拝殿など25点が国の登録有形文化財に指定。山頂の御神廟は徒歩1時間要するが、弥彦山ロープウェイ（往復1500円／8時40分〜17時30分）を利用すれば5分で登ることができる。拝殿脇から山麓駅まで無料送迎バスを運行。山頂駅から徒歩10分で到着する。弥彦駅からは徒歩15分で鉄道アクセスも良好。

- ●宝物殿拝観料：300円
- ●宝物殿営業時間：9〜16時
- ●宝物殿定休日：月曜
（祝日の場合は翌日）および1・2月休

ヒスイ王国館

新潟県糸魚川市大町1-7-11

　糸魚川駅の日本海口（北口）に直結する観光物産館。1階は観光物産センターがあり、地酒・銘菓・海産物・民芸品など地域の名産品やお土産物を販売、カフェや居酒屋の飲食店も入る。糸魚川を代表する名産品・ヒスイの加工所もあって、海岸で拾った原石を有料で加工してもらえるほか、ヒスイの原石を多数展示し、ヒスイの宝飾品も販売される。2階は観光案内所とコミュニティホールがあり、新幹線改札口にアクセスする自由通路がある。

- ●入館料：無料
- ●営業時間：9〜23時
- ●定休日：無休（テナントによっては休業日あり）

久比岐自転車道

新潟県上越市大字虫生岩戸字踊浜（起点）

　国鉄北陸本線が1968〜69年に複線電化された際、廃線となった区間を自転車と歩行者の専用道路に転用した。上越市虫生岩戸から糸魚川市中宿まで全長約32kmにおよぶ。潮風を浴びながら佐渡島や能登半島が望め、大小8個のトンネルを抜ける。途中の道の駅やコンビニがサイクルステーションの休憩所になっているので、マイペースで無理せずに進みたい。直江津駅前と糸魚川駅前、道の駅マリンドーム能生にレンタサイクル（冬季除く）がある。上越口は直江津から自転車で約20分、糸魚川口は糸魚川駅から自転車で約30分。鉄道の廃線跡の遺構がこれだけ大規模・長距離に残されている例は少なく、この地を訪れる鉄道ファンも多い。

ガーラ湯沢スキー場

新潟県南魚沼郡湯沢町湯沢茅平1039-2

　上越新幹線保線基地に面した山肌を利用して、1990年12月に開業したJR東日本が経営するスキー場。同時にアクセス交通機関として越後湯沢〜臨時のガーラ湯沢駅も延伸開業した。東京駅から直通で行けるスキー場で、湯沢高原スキー場や石打丸山スキー場にも隣接。スキー王国新潟のシンボル的施設となっている。スキーシーズンも例年12月中旬〜5月上旬と長く楽しめ、4つのエリアに分かれ、11基のリフトがある。スキーセンター3階には「SPAガーラの湯」もあり、GALAサマーパーク（夏スキー）の営業時（7月下旬〜9月上旬の金〜日曜、祝日）にも利用できる。

- ●ゲレンデ営業8時〜16時30分（春営業期間は〜16時。営業期間中は無休。

史跡佐渡金山

新潟県佐渡市 下相川 1305

　江戸時代初期から400年にわたり金を採掘してきた鉱山・佐渡金山の歴史を伝える史跡。江戸金山絵巻（宗太夫坑）コースでは、リアルな人形を用いて当時の採掘作業を再現。明治官営鉱山（道遊坑）コースでは、明治期以降の近代的な採掘現場の様子を今に伝える。道遊坑には採掘した鉱石を輸送するトロッコの廃線跡・車両も遺されており、鉄道ファンにも人気のコースとなっている。両津港からバスで約1時間15分、佐渡金山前下車すぐ。

- ●入館料：1500円
（宗太夫坑・道遊坑見学共通券）
- ●営業時間：8時〜17時30分
（4〜10月／11〜3月は8時30分〜17時）
- ●定休日：無休

北陸地方の絶品ご当地グルメ

豊穣の大地を有し、恵みの海に面した北陸3県と新潟県。このエリアには地域の歴史や風土に根差したご当地グルメが数多くあり、さまざまなスタイルの食が楽しめる。

福井県のご当地グルメ

ソースかつどん

創業約100年の歴史を誇る老舗「ヨーロッパ軒」が発祥のひとつ。薄くスライスした豚肉にきめ細かいパン粉をつけてカラリと揚げ、ソースをたっぷりとまとわせてご飯に乗せたもので、あえてキャベツは敷かない。味の決め手はドイツ仕込みのウスターソースにあり、甘みと酸味が絶妙にマッチしている。

越前おろしそば

黒っぽくて太めの田舎そばに、大根おろし、ネギ、削りたての鰹節を乗せ、甘めのツユをたっぷりかける。福井のそばは歴史が古く、一乗谷を拠点とした戦国大名、朝倉孝景が籠城用の食糧にしたのが始まりとも。日々の軽い食事としてはもちろん、コース料理の締めや婚礼料理など様々なシーンに供される。

ボルガライス

越前市で30年前から提供が開始されたご当地のソウルフード。オムライスにトンカツを乗せ、デミグラスやトマトなど各店こだわりのソースをかける。見た目が火山（ボルケーノ）に似てるからとか、ロシアの卵料理「ボルガ」にちなむなど、その由来や発祥には諸説あり。小学校の給食にも出される人気メニューだ。

越前ガニ

オスのズワイガニを指すのが正式な「越前ガニ」で、まさに味覚の王者。越前海岸は餌のプランクトンや小魚が集まる良質な漁場ゆえ、全国唯一の「献上ガニ」が育つ。甲羅が14.5cm、重さが1.3kg、爪の幅が3cm以上の個体は「極」と呼ばれ高値で取引される。茹でて食べるのが最上で、濃厚なミソと身が甘い。

純けいの焼き鳥

福井は県民一人あたりの焼き鳥消費量が全国トップクラス。一串あたりの肉が小さく、一口で食べられることから5本単位を中心に注文するのが普通。しかも「純けい」「ヒネ」と呼ばれる産卵を終えたメスの親鶏が美味しい。若鶏よりも身が締まっていて、熟成された旨味と肉汁が噛めば噛むほどあふれて来る。

敦賀ラーメン

流しのラーメン屋台がルーツで、現在も屋台で提供されるご当地ラーメン。敦賀は交通の要衝であることから、鉄道員や乗客、トラックの運転手を中心に広がったと言われる。豚骨と鶏ガラをベースにした醤油味のスープに、多加水の縮れ麺。具には焼豚とメンマ、ネギのほか、紅生姜を入れる店が多い。

石川県のご当地グルメ

金沢カレー

レトロなステンレス皿に盛りつけたライスに、隠れるほど覆い尽くした真っ黒なカレールー。その上に乗せられたソースがけのトンカツ、千切りキャベツをフォークか先割れスプーンで食べるのがこの土地の流儀。どろりと濃厚なルーの色は、香ばしくローストしたスパイス、カラメルという材料から来ている。

治部煮（じぶに）

石川県を代表する煮物で、江戸時代から食べられてきた武家料理。そぎ切りにした鴨肉か鶏肉に小麦粉をまぶし、すだれ麩や野菜と煮たものを言う。汁に濃厚なとろみがあるため、冷めにくくて体が温まる。おもてなしや特別な日に家庭でも食べられるほか、郷土料理を出す料理や割烹でも提供される。

のどぐろ料理

正式名称、アカムツ。全長40cm位の赤い魚で、口の中が真黒であることからこの名がつく。脂が多いため甘味が強く、熱を通しても身が硬くならないという特徴があるため、どんな料理法にも応えられる。生ならタタキで皮の旨みを存分に味わいたい。本来の味を知りたいなら、シンプルに塩焼きが一番である。

ハントンライス

バターで炒めたケチャップライスの上に、半熟の卵焼きと白身魚のフライを乗せ、タルタルソースとケチャップをかけたもの。海老フライや豚カツ、野菜のグリルを乗せたり、デミグラスソースやマヨネーズにパプリカを混ぜたサウザンドソースに替えるなど、店によって創意工夫が凝らされる。

ゴリ料理

浅野川や犀川の清流に棲むカジカやウツセミカジカなどの小魚を、通称「ゴリ」と呼ぶ。古くから金沢の郷土料理には欠かせない食材で、美食家で陶芸家の北大路魯山人もこの味を絶賛した。唐揚げのほか、刺身、白味噌仕立てのゴリ汁、しぐれ煮、醤油や水飴で甘辛く煮詰めた佃煮にしても美味である。

金沢おでん

1927年創業の「赤玉本店」が元祖のおでん。白味噌ベースの生姜味噌で食べる。車麩（くるまぶ）を始め、肉いなり、バイ貝、金沢春菊や源助大根などの加賀野菜、はんぺんと蒲鉾の中間である「ふかし」、赤と白の渦巻きが美しい蒲鉾「赤巻」、蟹の肉を甲羅に詰めた「カニ面」など、タネに石川県の食材を用いる。

富山県のご当地グルメ

富山ブラック

秘伝の漆黒のスープに縮れ麺。チャーシューやメンマ、刻みネギを乗せて、上から黒胡椒をたっぷり振りかけたラーメン。黒さの秘訣は魚醤や煮切った濃い口醤油であり、見かけほど塩辛くない。元々は肉体労働者が塩分補給を兼ねて、白飯と一緒に食べるために考案されたスタミナ・メニューである。

氷見の寒ぶり

産卵のために南下する途中に能登半島にぶつかり、富山湾に立ち寄ったブリを定置網で捕獲したもの。重さ6キロ以上で脂の乗り切ったものが安定供給できるので、今や食通も思わず唸るブランド食材。寿司はもちろん、刺身やしゃぶしゃぶ、照り焼きやブリ大根にしても堪能できる、冬の味覚の王者だ。

ほたるいかの沖漬け

深海で暮らし、春になると浅瀬で幻想的な光を放つ「ほたるいか」。獲れたてを生きたまま、ダシの効いた醤油にドボンと漬け込むのがコツ。ほたるいかが漬け汁を飲み込み、内側にも味がつくという漁師の知恵が生きている。冷凍して90日、解凍してから冷蔵で60日と日持ちするので土産にも最適。

氷見うどん

棒やロープのように長くして、何度も引き伸ばす「手延べ」うどん。生地に力を加えて練り上げるので、手延べ特有の滑らかさと手打ちのコシ、両方を楽しめる。餅のような感触、のどごしの良さと歯ごたえから、香川の讃岐うどん、秋田の稲庭うどんと並んで「日本3大うどん」と呼ばれることもある（諸説あり）。

高岡コロッケ

全国で1位のコロッケ消費量を誇る富山県。とりわけ高岡市は10種類以上のクリームコロッケが販売されるメッカ。地元出身の漫画家、藤子・F・不二雄氏の作品『キテレツ大百科』のサブキャラ、コロ助の好物であることが発祥という。中身がチョコレートやアイスクリームという変わり種も登場した。

タラ汁

スケトウダラの身から腹わたを抜き、骨付きのまま豪快にぶつ切り。ささがきにしたゴボウと一緒に味噌で煮込んで、ネギを散らした漁師料理。タラから出た出汁が味噌によく合い、寒い冬には欠かせない。白子や真子を後で加えて煮込むのがコツ。特に国道8号は提供店が立ち並び、「タラ汁街道」とも呼ばれる。

新潟県のご当地グルメ

へぎそば

木を剥いだ「へぎ」という器に、一口ずつぐるぐると丸めて盛られた魚沼地方の冷たいそば。海藻であるフノリをつなぎに使っていることからコシが強く、つるつるした食感が心地良い。越後ではワサビが採れなかったことから、薬味に辛子や浅葱（アサツキ）、胡桃を添えるのが特徴である。

新潟5大ラーメン

評論家の石神秀幸氏が定義した「新潟あっさり醤油」・「新潟濃厚味噌」・「燕背脂」・「長岡生姜醤油」の「新潟4大ラーメン」に、「三条カレー」を加えたものを指す。最近にこれに「上越妙高とんこつ」をプラスした、「新潟6大ラーメン」にすべきという声もある。写真は「ショウガ醤油ラーメン」（左）と「背脂ラーメン」。

イタリアン焼きそば

主に新潟県の下越、中越地域で提供・販売されているご当地グルメ。キャベツやモヤシなどの野菜とともに炒めた中華麺の上に、トマトソースやミートソースをかけて提供される「スパゲッティ風の焼きそば」。ナポリタンに対抗して命名されたとか。最近は味噌、ホワイト、カレーなど、ソースの種類も増えている。

北陸地方で楽しみたい駅弁

食のワンダーランドとして名高い北陸地方には、地域特産の食材を盛り込んだ魅力的な駅弁が多数販売されている。新幹線駅で購入できる駅弁の代表的銘柄を厳選してご紹介する。

福井県の人気駅弁

福井駅 番匠本店
永平寺ごま味噌 焼き鯖寿し

白いパッケージに、水墨画風にさらりと描かれた永平寺の姿が特徴。使用する味噌は精進料理で名高い永平寺御用達の味噌に、山椒と胡麻を調合。これをシャリに乗せ、香ばしく焼きあげた鯖を一尾分挟み込む。脂が乗ってジューシーな鯖の身と、ピリリと辛い山椒の相性は抜群で、酒が進むこと請け合い。

福井駅 番匠本店
若狭牛ぎゅうめし弁当

甘辛く煮つけた牛肉と玉葱を、ご飯の上にぎゅうぎゅうと敷き詰めたジューシーな駅弁。おかずは出汁巻卵・厚切り蒲鉾・切干大根の酢掛け・梅干が控えめに鎮座するが、あくまでも主役は肉。白胡麻と紅生姜のアクセントも効いている。中身が見える透明なパッケージが食欲をそそる。

福井駅 番匠本店
北前廻船丼

福井と北海道を結んだ北前航路と、帆船が描かれた厚紙の外箱。これを開くと、八角形の弁当箱が登場。ぎっしり詰まった紅ズワイガニのちらし寿司に、厚切りサーモン3切れをトッピング。当時の海運に思いを馳せながら、海産物の恵みを表現したという色鮮やかな廻船＝海鮮「かいせん」丼である。

福井駅 番匠本店
越前かにめし

セイコガニ(赤身)と味噌を混ぜて炊きこんだご飯に、カニのほぐした身を乗せた蟹づくしの駅弁。全国各地にカニの駅弁はあるが、本商品はその中でも質・量・味ともに最高品質と言えるもので、各地の百貨店で開催される駅弁イベントでも高い人気を誇る。カニをモチーフとした容器も愛くるしい。

敦賀駅 塩荘
角鹿弁当

角鹿(つぬが)とは気比の浦から上陸した任那の王子「ツヌガアラシト」が語源で、敦賀の由来。スカイブルーに鳥居の赤が映える外箱が新鮮。おかずは有頭海老・焼き鯖・焼売・たらフライを中心に、高野豆腐・佃煮・漬物・煮豆と、俵形に型押しした白飯が付く。

敦賀駅 塩荘
元祖鯛鮨

100年の歴史を誇る名駅弁。鮮やかなグリーンのパッケージに、桜色の身が踊る写真が食欲をそそる。シャリは福井産のコシヒカリとハナエチゼンのブレンド米に、甘めの米酢を使用。ネタは遠洋で獲れたあさひだいを、職人が三枚におろして丁寧に盛りつけられている。

石川県の人気駅弁

敦賀駅 塩荘
荘兵衛さんの焼き鯖寿し

焼き鯖寿しは、福井県嶺南地方発祥の比較的新しいグルメで、旧来の鯖の押し寿司とは異なり、鯖の脂が楽しめることで高い人気を誇っている。全国各地で開催される駅弁イベントの人気ランキングでも、常に上位にランクする銘品。商品名の"荘兵衛さん"は創業者のお名前との由。

金沢駅 大友楼
特製牛肉弁当

ブックカバーのように重厚なパッケージを開くと、漬物、甘味のミニ大福、おかずが小分け。その下に鎮座するメインには、白いご飯に柔らかく仕上げられたローストビーフが5〜6枚、付け合せの野菜。これに別添えの醤油ダレをかけて頂く。中華風に味付けされたピリ辛のイカが良き箸休めになる。

金沢駅 大友楼
利家御膳

箱は「駕籠」をイメージした意匠で、二段重ねの黒いお重が目を引く。一の重は金沢の郷土料理・治部煮を中心に、蓮根のはさみ揚げ・焼鮭・蒲鉾・卵焼き・昆布巻などのおかず。二の重は瓢箪に型取りした白ご飯と、加賀家御紋の梅に型取りした五目ご飯の2種類。それにミニ大福のスイーツが付く。

金沢駅 大友楼
加賀の四季

二段のお重に季節感のある掛け紙。一の重は半分に仕切られて、信田巻やふきなどの煮物と焼売、海老の天ぷらと鶏の治部煮、花五目卵巻きなどのおかずが並ぶ。二の重は瓢箪に型取りした白ご飯と、加賀家御紋の梅に型取りした五目ご飯、漬物とミニ大福がセット。老舗料亭の味が一度に楽しめる。

**金沢駅・
加賀温泉駅 高野商店**
加賀彩々

経木風の箱に、中身の写真を掲載した掛け紙が食欲をそそる。おかずは鶏の唐揚げ・焼鮭・蕗やヒロウスの炊き合わせ・出汁巻卵・蒲鉾・牛肉と蒟蒻の煮物・筍・椎茸、シューマイ・ウインナーと彩りも豊か。また香り高い小海老としめじを出汁で炊き込んだご飯が美味で、特に女性からの人気が高い。

金沢駅 高野商店
炙りのどぐろ棒寿し

「白身のトロ」と評される金沢名物、のどぐろ。別名アカムツ。この高級食材を惜しみもなく丸ごと炙って押し寿しにした豪快な逸品。白板昆布を乗せることで、魚の旨みがさらにアップし、ほろりと崩れるような口どけが快感。これを素朴な竹の皮に包み、外箱のケースに収納した外装がまた目を引く。

富山県の人気駅弁

富山駅 源
ぶりのすし

吉田カツ氏の豪快なイラストと、10枚の笹の葉が創り出す世界観はインパクト大。『ますのすし』の販売で成功した老舗・源の三代目、源初太郎が1957（昭和32）年に考案した弁当。脂の乗ったブリの身に、しゃきしゃきと歯ごたえの良いカブラは相性抜群。千切りの人参と刻み昆布も良きアクセントになっている。

富山駅 源
富山味づくし
3月中旬～5月初旬とそれ以外の時期では内容が異なる

風呂敷包みの二段重弁当。掛け紙の裏面は富山県の地図「とやまっぷ」だけに富山産の食材にこだわり抜き、一の重はブリの味噌焼き、タコのうま煮、ホタルイカの甘露煮、白海老浜焼きなどのおかず。二の重は里芋の胡麻味噌掛けや煮物の他、瓢箪に型取りしたシソのひさごご飯、ますのすしを上品に盛りつける。

高岡駅 源
三色ちらし弁当
3月中旬～5月初旬とそれ以外の時期では内容が異なる

オレンジのシンプルな掛け紙で、経木風の箱に入った可愛らしい駅弁。鮭のほぐし身、錦糸卵、出汁の染みた鶏そぼろの三種類の具を乗せたご飯に、鶏の唐揚げ、海老フライをメインに、ブロッコリーなどの野菜、デザートのフルーツも入っている。

新潟県の人気駅弁

上越妙高駅・直江津駅 ホテルハイマート
鱈めし

直江津駅前のシティホテル「ホテルハイマート」が販売する駅弁のひとつ。鱈の甘露煮、鱈の親子漬けが汐昆布の炊き込みごはんに乗る。さらに、炙りたらこ・錦糸玉子・野沢菜わさび漬け・奈良漬けが容器（小箱）を彩る。上越地方を訪れたらぜひ味わってみたい逸品。

新潟駅 新潟三新軒
村上牛しぐれ

新潟県の北部、村上市・岩船郡・北蒲原郡黒川村で飼育された「にいがた和牛」から、特に肉質の柔らかい村上牛を厳選して使用した駅弁。村上牛しぐれ煮は醤油・砂糖・酒等で煮込んだ独特の味付け。牛そぼろ煮・玉子焼・茎わかめ・ごぼう煮も味わい深い。

新潟駅・新津駅 三新軒
雪だるま弁当

発売されて30年以上の歴史を誇る、新潟駅の駅弁の代表的な存在。新潟県産コシヒカリのご飯に、鶏の照り焼き・鶏そぼろ・味付け数の子・味付けこんにゃくが乗る。パッケージは雪だるまを模したもので、白・ピンク・ブルー・オレンジ・グリーンの5種がある。

北陸お勧め土産物ガイド

東西に広い北陸地方は地域差が大きく、名産品や特産品も実にバラエティに富む。現地を訪れた際に、ぜひ買い求めたいお土産を厳選してご紹介しよう。

福井県のおみやげ

羽二重餅總本舗 松岡軒

羽二重餅

明治30（1897）年の創業から、伝統の味を守り続ける老舗の銘菓。「羽二重」とは手触りの良い上質な絹布のことで、この質感を和菓子で表現しようとしたもの。口に含めば、ふわりと溶けるような食感が軽やかな餅菓子。

西洋菓子倶楽部

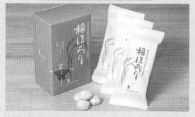

稲ほろり

福井県産のコシヒカリを独自の製法で炒った米粉を使い、昔懐かしい「おこげの香り」を再現。5粒が一袋に梱包された可愛らしいサイズの和風クッキー。ほろりとした柔らかい口どけに、控えめな甘さが心地良い。

越前海鮮倶楽部

たこから揚げせんべい

獲れたての新鮮ないいだこを一匹丸ごと挟み焼きして、カラリと仕上げた豪快なお煎餅。秘伝のタレと、ピリリと辛い一味の風味がタコの味わいを存分に引き出し、噛めば噛むほど味わい深く、病みつきになる逸品。

株式会社エイト

チロルリボン

レトロでエキゾチックなリボン。本来はアルプス地方の民族衣装で使われるモチーフを、福岡県丸岡町の工場が旧式のシャトル織機で復刻したもの。リボンを使った缶バッジ作りが体験できる工場見学ツアーも実施している。

山次製紙所

浮き紙の茶缶

独自の製法により、紙漉きの段階でエッジの精度を高めたという越前和紙。これを用いて茶缶に仕上げた作品で、お菓子やコーヒーの入れ物としても使用可能。和紙独特の温かさや、手触りの良さが深い愛着を感じさせる。

漆琳堂

aisomo cosomo 汁椀

抗菌作用があり、使うほどに味わい深くなる漆器。この古くて新しい「育てる食器」を日常使いできるように、永平寺御用達の職人がアレンジ。洋食にも合うモダンでカラフルな漆塗りのお椀を、お手頃な価格で販売する。

石川県のおみやげ

圓八

あんころ餅

創業は元文2（1737）年という日本三大あんころ餅のひとつ。北海道産の小豆、白山産のもち米を使用し、白山の伏流水で蒸しては冷ます工程を三度繰り返す。添加物は入っていないので賞味期限はわずか一日のみ。

烏鶏庵

烏骨鶏かすていら（金箔）

薬膳的な価値も高い、超高級食材の天来烏骨鶏（てんらいうこっけい）。この稀少な卵を惜しげもなく使用して、一本ずつ職人が丁寧に焼き上げた菓子。卵本来の濃厚な風味を生かすために、甘さを抑えた上品な味わいである。

ヤマチ醤油

杉樽醤油

大正8（1919）年の創業時から受け継ぐ杉樽木桶で、もろみを二年間熟成させた「生揚げ醤油」。これに能登の海洋深層水を合わせた濃口の醤油。香味が強く、まろやかな甘味は刺身や冷奴のかけ醤油に最適である。

金沢珈琲店

金箔入珈琲 かなざわ物語

日本一の生産地である伝統工芸品の金箔と、自家焙煎されたコーヒーのマリアージュ。お湯を注ぐだけで金箔が浮かび上がり、豪華で粋な「おもてなし」時間を楽しめる。インスタントからドリップバッグまで各種あり。

販売元：キャラバンサイン株式会社

目細八郎兵衛商店

ハリネズミ裁縫セット

木箱のふたを開けた瞬間に、思わず笑顔になる一品。ハリネズミを模した羊毛針山に、白と黒の糸巻、ミニハサミ、針の詰め合わせ瓶が入ったセット。ハリネズミは一匹一匹が手作りなので、個性あふれる顔つきがとてもユニークだ。

ルミュゼドゥアッシュ

YUKIZURI（梅10本入）

雪吊りの縄をイメージし、前田家の"梅鉢紋"から石川県産の梅酒・卵・米粉をふんだんに使い、フランス伝統菓子のサクリスタンをヒントに焼きあげたという銘品。縄に積もった雪に見立てたシュガーの中から、梅の味がほのかに香る。

箔一

金箔入りピアス（ひよりピアスかさね）

金沢市の金箔総合メーカーが手がけるアクセサリー部門で、複数のジュエリーデザイナーが腕を振る。美濃和紙や宝石、パールなどの天然素材に、金箔をあしらった繊細なピアスは女性への贈答品として喜ばれる。

高澤ろうそく

菜の花ろうそく

明治25（1892）年に能登七尾で創業した、老舗の定番商品。菜種油から産まれた植物ロウの主原料に、芯には和紙と灯芯草を用いることで、煤（すす）が出にくく、仏壇を汚さないクリーンなろうそくが実現した。

富山県のおみやげ

菓匠美都家

反魂旦

越中富山の名薬「反魂丹（はんごんたん）」にあやかって薬玉を模したユニークなお菓子。白手芒豆（しろてぼうまめ）のこしあんをチョコ生地で包んだ一口サイズの焼饅頭で、気軽に何個も食べられる。昔懐かしい紙風船のおまけがうれしい。

結箱日の出屋製菓産業

しろえび紀行

富山県のブランド米「てんたかく」を立山連峰のおいしい伏流水で炊き、富山湾の宝石こと春の味覚、白エビをたっぷりと練り込んだお煎餅。コクのある上品な旨みと、あっさりした塩味が午後のお茶うけに最適。

めぐみ製薬

ケロリン桶 B型 関西富山

鮮やかな黄色に赤い文字。銭湯で見かけた懐かしい風呂桶が、お土産としても大人気。関東版よりもやや小振りの商品で、腰掛けにしても蹴飛ばしても壊れない、驚異的な強さから「永久桶」とも呼ばれている。

発売元：富山めぐみ製薬株式会社

五箇山和紙の里

ORIHOSHI Lamp Shade

富山の伝統工芸品にアウトドアをスパイスした「アルチザン933」と、五箇山和紙のコラボで生まれた実用アート。撥水加工が施されているので、テントや屋外でも気軽に使用可能。繊細で柔らかな折り紙に、耐久性が加わった。

新潟県のおみやげ

小竹製菓

笹だんごパン

国産よもぎを使用した自家製笹団子生地に入れ、表面にきな粉をまぶして焼いて作ったパンで、上越の新名物として注目されている。パンダのパッケージも可愛いと評判。

メーカーの小竹製菓は、ご当地では有名なパン・和菓子の老舗店。

ガトウ専科

夏花火パイ

「長岡の大花火」正三尺玉をモチーフにしたというユニークなパイ菓子。芳醇なバターが香るパイで、サクッとした軽い食感も人気を集めている。メーカーのガトウ専科は、長岡を中心に、新潟県内各地に店舗を持つ人気パティスリーで、新潟土産としても親しまれている。

浪花屋製菓

元祖柿の種

新潟県の特産品のひとつに数えられる柿の種だが、新潟を訪れたらぜひ買い求めたいのは「元祖柿の種」。柿の種を生み出したメーカーによる逸品で、美味しいお米で作られた、ふっくら大粒でピリ辛味が特徴。レトロなパッケージも人気。

観光名所「輪島朝市」とその周辺の大部分が焼失した。

令和6年 能登半島地震の爪痕

正月の団らんを襲った巨大地震

2024(令和6)年1月1日、16時10分。穏やかな新年を迎えていた北陸地方を大きな揺れが襲った。

最大震度7の激しい揺れを観測したのは石川県志賀町、輪島市。震度6強を観測したのは七尾市、珠洲市、穴水町。震度6弱を観測したのは中能登町、能登町、新潟県長岡市と、北陸地方と新潟県西部に大きな揺れが発生した。石川県で震度7を記録したのは、観測史上初めてのことだった。

震災発生当初、多くの人々が正月の団らんを楽しんでおり、自宅で地震に見舞われた人が多い。

テレビ各局はすぐに特別番組に切り替え、アナウンサーが津波からの避難を呼び掛ける緊迫感あふれるものとなった。テレビ画面からは定点カメラからの映像が主体であったため、被害の全容はなかなか伝わらなかったが、巨大地震が北陸地方を直撃した事実は多くの国民が共有した。輪島市街地の火災の模様など、同日夜からは断片的ではあるものの被害の大きさを伝える報道も増加していった。

気象庁は、今回の直下型地震を「令和6年能登半島地震」と名付けた。震源地は能登半島の先端である石川県珠洲市で、震央は同県鳳珠郡穴水町の北東42km、深さ16km。地震の規模を示すマグニチュードは7.6だった。さらに、能登半島西方沖から佐渡島西方沖にかけて続く活断層を震源とする地震であることも発表された。

能登半島では2018(平成30)年頃から地震が多発、2021(令和3)年9月16日にはM5.1、2022(令和4)年6月19日にはM5.4の地震が発生しており、能登半島北部に大きな被害を生じていた。今回の地震では16時6分にM5.5の前震があり、その4分後に本震が発生。北陸4県を中心に土砂災害、火災、液状化現象などが発生し、人的・物的な被害は甚大なものとなった。その後も余震が続き、震度1以上の揺れは本震発生から1か月で1500回を超えた。

この地震による死者241人は、災害関連死を除くと全てが石川県で発生した。特に能登半島北部の珠洲市が103人、輪島が102人とこの両自治体での人的被害は特に大きかった(2024年3月5日時点)。亡くなった方の死因は約9割が家屋倒壊と土砂災害によるもの。道路が寸断されたことによる救助の遅れも一因とされている。

家屋の倒壊による死因が多いのは、古い家屋が多かったことに起因する。1981(昭和56)年に建築基準法改正により、住宅の耐震基準が引き上げられたのだが、高齢化率の高い能登半島北部では建て替えが思うように進んでいなかった。

能登半島を代表する観光地である和倉温泉では多くの鉄筋コンクリート造りの建物が損壊しており、その復興には莫大な費用と時間がかかると目されている。輪島市の朝市は火災により大部分が焼失、軍艦島と称される見附島は岩石崩落により大部分が欠落、そのほかの観光施設も多くが損壊するなど、能登地方の主要産業である観光業も大きな打撃を受けている。

穴水駅周辺では1階部分がつぶれた倒壊被害が多数発生した。

能登半島全体で隆起や沈降が発生し、道路網にも甚大な被害が生じた。

建物に押しつぶされた軽自動車。今回の地震では自動車の被害も多発した。

道路網・鉄道の被害も甚大

今回の地震により北陸地方の交通インフラにも甚大な影響が及んだ。北陸自動車の小矢部砺波JCTから分岐して輪島へ向かう高規格幹線道路「能越道」、穴水IC〜のと三井IC間の道路が崩壊。金沢市内から海岸沿いに穴水町へ向かう自動車専用道「のと里山海道」でも、陥没や土砂崩れが発生した。

また、能登島大橋と中能登農道橋「ツインブリッジのと」が通行止めとなり、能登

今回の地震では能登半島全域で家屋の倒壊被害が発生した。特に古い木造建築の罹災率が高かった。

島内で約800人が孤立、能登空港でも周辺の道路の損壊により2日までに約500人の搭乗客が孤立した。それ以外にも道路の寸断により、能登地方の少なくとも24の地区で3345人が取り残された。復興支援には不可欠な能登地方の幹線道路は最優先で修復され、「のと里山海道」は2月上旬には部分再開を果たしたが、下り線は当面片側通行が続く見込みだ。

鉄道の被害も極めて深刻で、JR七尾線・のと鉄道七尾線の全区間が被災。JR七尾線は起点の津幡から段階的に復旧が進められ、1月22日までに津幡〜七尾間が再開、2月15日にはJR七尾線の七尾〜和倉温泉間とのと鉄道七尾線の和倉温泉〜能登中島間が復旧。今回の地震で特に大きな被害を受けた地域の鉄道再開は地元でも明るいニュースとして取り上げられている。

さらに、のと鉄道は3月8日に未復旧の能登中島〜穴水間の営業運転を4月6日に再開し、和倉温泉〜穴水間の全線が復旧すると発表。その復旧スピードは驚きと喜びを地域住民にもたらした。被災エリアの一刻も早い復興を願いたい。

被害が大きかった輪島市では地震により地層が西方向に1.3m動いた。市街地中心部では7階建てのビルも倒壊した。

率先垂範の社長の陣頭指揮が早期復旧を実現

中田哲也氏

のと鉄道社長 ロングインタビュー

未曾有の災害となった令和6年能登半島地震で、能登地方のライフラインは大きな打撃を受けた。交通インフラの被害も深刻で、復興作業の初動を遅らせる一因となった。能登半島南部を縦貫するのと鉄道の被害も深刻で、一時は長期的に不通となることが危ぶまれていた。2023（令和5）年に同社社長に就任した中田哲也氏は、率先垂範型のリーダー。今回甚大な被害を受けた同社の復旧に向けて日々陣頭指揮をふるっている。本書では3月1日に、のと鉄道本社（穴水駅構内）で中田社長のインタビューを敢行、被災から現在に至る復旧の道程、復興後の鉄道事業再生の思いについて、お話しいただいた。

PROFILE

中田哲也 （なかた・てつや）

1962年石川県輪島市出身。1985年に石川県庁に入庁。2021年3月石川県奥能登総合事務所長就任。2023年4月に石川県庁を退職。同年5月にのと鉄道入社（役職は参事）。2023年6月同社代表取締役社長就任、現在に至る。

早期復旧を支えた 国の支援体制

——1月1日の震災により、御社は大きな被害を受けました。御社の鉄道施設が破断された様子を伝える報道に触れ、個人的にも心を痛めておりました。被害の大きさから、復旧には年単位の時間を要するのかと思っておりましたが、2月15日には七尾～能登中島間が部分復旧を果たしています。

（中田社長：以下中田）早期に復旧できたのは、国、JR西日本さん、県や地元自治体の皆さん、そして日頃からのと鉄道を応援してくださる多くの皆様のおかげです。心から感謝しています。

——1月23日に斉藤国土交通大臣が、のと鉄道の復旧について「石川県やJR西日本などと復旧計画の策定に向けて協議を始めた」ことを発表しました。震災からわずか3週間ほどで、国を交えた協議が開始されたというのは、これまでに被災した鉄道路線と比べても異例の速さではないでしょうか？

（中田）国とJR西日本の動きは、驚くほど速かったですね。気がつけば、どんどん話し合いが進んでいきました。そして、復旧に向けた準備、行政的な手続き、スケジュール策定などが、国の主導で矢継ぎ早に決められていきました。

——そして、斉藤大臣は「鉄道災害調査隊」の調査結果に基づき、のと鉄道の全線復旧に向けての支援を行うことを宣言しました。

（中田）本当にありがたかったですね。弊社社員のみならず、能登半島の地域住民の皆さんにも大きな心の支えとなりました。

——御社の営業区間のうち和倉温泉～穴水間はJR西日本が第三種鉄道事業者として鉄道施設を保有しています。そのことも、国やJR西日本の動きが早かった要因なのでしょうか？

（中田）JR西日本さんも被災当事者となったことは、早期復旧の一因だったと思います。今回、JR西日本さんの七尾線（津幡～和倉温泉間）も大きな被害を受けています。JR西日本さんは自社の復旧と同時並行させる形で、弊社の復旧についても国や行政を動かしてくれました。そのお膳立てのおかげで、弊社の負担は相当軽くなりました。本当にありがたいなと思っています。

——国の支援体制も手厚かったとお聞きしました。

（中田）弊社にも国土交通省本省と北陸信越局から応援スタッフが複数名派遣されてきました。彼らはとにかく仕事が早いです。こちらの質問にも当意即妙な回答が返ってきます。こちらの要望もすぐに本省に伝えてくれますし、日々の疑問点も都度クリアしてくれました。何より被災直後に国交省と情報共有できるパイプができたことは、とても心強かったです。

——復興予算の獲得も、国交省から派遣されてきたスタッフが主導したのですか？

（中田）あくまでも申請の主体となるのは弊社やJR西日本です。とはいえ、国交省からも適宜アドバイスをいただきました。災害復旧費の総額の見積、国や石川県からの補助金を獲得するための関係各所への根回しや手続きなどについても相談に乗ってもらえました。

——線路や駅はJR西日本の所有とのことですが、御社自前の施設にはどんなものがありますか？

（中田）例えば車両検修庫という日常的な車両のメンテナンスをする建物がありますが、こちらは弊社の自社所有です。その場合は、自社で申請をしなければなりません。

線路沿いの傾斜地が崩壊した区間も発生。さらに、激しい揺れによるレールの歪曲も発生した。写真提供：のと鉄道

トンネルに土砂が流入した区間の復旧は特に難航した。仮設道路の設置が必要となった区間もある。写真提供：のと鉄道

50か所に及ぶ
甚大な被害が発生

――さて、今回の被害は御社の全区間に及んだとお聞きしています。

（中田）擁壁や盛土の崩落箇所や、地盤沈下による橋梁や駅舎の破損箇所も多数ありました。小さいものを含むと数えきれないのですが、復旧工事が必要となる被災箇所は少なく見積もっても50か所に及びます。

――全長33.1kmの七尾線（のと鉄道区間）で50か所ですから、その被害の大きさが窺えます。

（中田）切土法面やトンネルでは土砂崩落が多発しました。駅や橋梁も地盤沈下で多くが損傷しました。さらに電気施設系統の損壊も複数個所で発生しています。レールが破断した箇所や、路盤の歪みや損傷によるレールの浮き上がりも多発しました。私自身、被害の全容を知るにつれ、絶望的な気分になりました。

――そのような厳しい状況にありながらも、中田社長は1月23日に「全区間再開を目指している。それがわが社に求められた社会的使命だ」と力説され、注目を集めています。

（中田）私自身も能登の出身で、今も輪島に住んでいます。被災者の一人でもある私から見ても、やはりこの鉄道は地域に不可欠な存在と映ります。全線復旧は鉄道事業を任された我々に課された使命だというのが率直な思いです。

――震災により、穴水駅舎横にあった本社屋も大きく損傷したとのことで、しばらくは駅構内に留置されている営業車両を臨時本社として使用していたとのことですね。

（中田）たまたま留置されていた車両があったので、活用することにしました。ただ、電話も引かれていませんし、必要な事務機器もほとんどありません。

電話は各人のスマホを使いましたが、かなりの不自由がありました。

全線営業再開に向けて
難工事が続く

――様々なご苦労を重ねつつ、2月15日には七尾～能登中島間の営業再開を果たされました。

（中田）田鶴浜～笠師保間のように軌道が大きく変形した区間もあり、復旧工事は様々な苦労がありました。それでも早期の運転再開を果たせたことは、本当によかったと思っています。

――当日は全国ニュースで、部分営業再開についての報道がなされていました。

（中田）やはり鉄道の注目度はけた外れに大きいなと感じました。

――運転休止区間には1月29日から代行バスの運転が開始されています。車両の手配やバス停の設置などは県が主導したのですか？

穴水駅の検修庫の出入庫線のレールも歪曲しており、レールの撤去・交換を余儀なくされた。写真提供：のと鉄道

列車が不通となった区間では、線路への誤進入を防ぐ目的でロープが設置された。写真は能登中島～西岸間。

七尾〜能登中島間の部分営業再開の初日、能登中島発の一番列車を見送りに多くの地域住民が駅に駆け付けた。

七尾〜能登中島間の運転再開初日の上り一番列車。高校生を始め免許を持たない世代にとって鉄道の復旧は大きな福音だ。

（中田）実は、弊社が動く前にバス会社から申し出がありました。

——バス会社が直接代行バスの運行を申し出られたのですか？

（中田）そうです。北陸鉄道の社長さんと専務さん、能登バスの社長さんが3人で弊社にお越しになり、「お困りのことはありませんか」と切り出してこられました。そこで、「実は代行バスを運行したいのですが、バスの手配をどうしたものか思案しています。バス協会を通じてお願いしようと考えているのですが…」とご相談したところ、北陸鉄道の宮岸社長が「もう心配いりませんよ。うちでちゃんとバスを手配しますからね」と言ってくださったのです。

——事業者の垣根を超えた厚い支援があったのですね？

（中田）代行バスの運転手さんの多くはご自身も被災されています。そんな大変な状況だったのに、ありがたいやら、申し訳ないやらという気持ちでした。

——現在（取材時）、残る能登中島〜穴水間の復旧作業が続いています。

（中島）4月上旬の運転再開を目指しています（4月6日に全線で運転再開予定）。とはいえ、この区間は七尾〜能登中島間以上に損傷が大きい箇所が多かったので、一部で作業は難航しています。例えば、穴水駅南側にある2か所のトンネルに大量の土砂が流入しています。土砂を撤去すると次に排出しなければなりません。そのため、土砂搬出用の仮設道路も整備することになります。

——1つのトンネルの土砂搬出だけでもこれだけの作業が発生するのですね？

（中島）さらに続きがあります。土砂の受け入れ先も探さなければなりません。一般的には知られていませんが、土砂置き場は思いのほか少ないのが現状です。金沢河川国道事務所も土砂捨て場の確保に動いてくれたので、とても助かりました。とにかく前に進むしかありません。部分開業の際にも実に多くの方から激励のお言葉をいただいています。それを励みに頑張りたいです。

——部分開業の際と同様に、全線復旧した後も当面は本数を減らした状態となるのですか？

（中田）そうなりますね。この区間には通常17往復の列車が設定されていますが、現在は8往復に絞っています。最高速度も時速45kmに落として運転しています。まだ路盤が完全に安定していない箇所も含まれますから、しばらくは安全を確認しながらの運転になりますね。

——とはいえ、営業運転を再開することによって、線路施設には日々車両の重量がかかります。やがては路盤も安定するのでしょうね。

（中田）工事を担ってくれたJR西日本さんは、バラストを入れたうえでしっかり突き固めていました。工事の施工状態にはとても満足していますが、今回は未曾有の震災に見舞われた訳ですから、運転再開以降も細心の注意を払っています。

「のと里山里海号」の 運転再開時期は未定

——全線の営業が再開したら、御社のシンボル的存在の「のと里山里海号」の運転再開も期待されます。

営業運転再開の場に駆けつけたのと鉄道の中田社長。現地ではマスコミによる囲み取材が行われた。

部分運転再開初日の能登中島駅。駅舎には一月半ぶりに明かりが灯った。

営業運転再開初日の田鶴浜〜笠師保間を走行する普通列車。通常より速度を落としての運転が続く。

今回の地震により大きな被害を受けたのと鉄道本社。被災直後から穴水駅に留置されていた車両を臨時社屋とした。

地震により一部損壊した西岸駅のプラットホーム（2月15日に撮影）。

身振り手振りを交えながら能登地方復興やのと鉄道の将来について話す中田社長。

昔ながらの瓦屋根の切妻屋根の駅舎が残る西岸駅。

「能登さくら駅」の愛称を持つ能登鹿島駅。中田社長も一押しのお花見名所（2月15日に撮影）。

能登鹿島〜穴水間の復旧作業の様子（2月15日に撮影）。

（中田）能登半島全体の観光産業が復興するまで、「のと里山里海号」の運転再開は難しいと考えています。和倉温泉では壊滅的な被害が出ています。輪島の朝市は焼失しました。珠洲の見附島は崩れてしまいました。弊社が運転再開を果たしても、能登の復興はむしろこれから始まっていくのです。地域の復活なくして、観光列車の再開はあり得ませんから。

——政府は北陸地方の観光支援策として「北陸応援割」の実施を進めています。北陸地方を訪れる観光客も増えると思いますが、やはり「のと里山里海号」の営業再開は当面は難しいということですね。

（中田）JR西日本さんの観光特急「花嫁のれん」も運転休止が続いていますし、弊社だけが観光列車を運転しても効果は薄いと思います。あるいは、シンボル的な列車としてスポット的な運転（単発の運転）でしたら実施するかもしれません。でも、これまでのダイヤによる運転再開は当面は難しいです。もし、能登地方が本格的に復興したときに、能登地方を対象とした「復興割」が行わ

れるのなら、その時はぜひ協力したいですね。「のと里山里海号」は地域振興の目玉ですし、弊社にとっては収益の柱の一つです。しかるべき時が来たら、もちろん運転を再開したいと思っています。

地域振興の基軸として 新たな鉄道像を目指す

——中田社長は石川県庁のご出身とお聞きしました。

（中田）県庁は去年の3月に定年退職しました。5月にこの会社に入社して、6月28日に株主総会で代表取締役に選任されました。県庁時代にはのと里山空港の利用促進、金沢港への外国船の誘致など県の運輸行政に関わって来ました。そのあたりの経験は評価してもらえたのかもしれません。県の観光事業に関わった時期もあります。今後この地域の観光産業が復興してきた時、その経験を活かしていきたいなと思います。

——復興の暁には、どのような施策に取

り組みたいとお考えですか？

（中田）鉄道は地域振興の核になりうる存在だと思います。地元の観光の牽引役としての役割も果たしうる存在です。その意味では、鉄道会社にできることは多いのではないかなと思っています。まずは駅を基軸とした地域振興に取り組みたいです。駅は人の流れを生み出す力があります。そして駅前の施設を充実させて街全体が活性化する流れを作り出せます。

——駅舎施設の有効活用ということですか？

（中田）駅の周辺地域も巻き込みながら、駅を核とする人の流れを作っていきたいです。特に穴水駅はその立地から、奥能登観光の拠点となりうるポテンシャルがあると考えています。

——鉄道や駅が基軸となる地域振興や観光活性化を進められるということなのですね。

（中田）その通りです。今は震災からの復興が最優先ですが、状況が落ち着いてきたら、地域に貢献できる鉄道として、いろいろなことにチャレンジしてい

穴水駅駅舎。駅前広場の損傷も甚大で路面陥没も多発した。

地盤の歪みによって建物そのものに損傷が発生した穴水駅。取材当日も修復作業が進められていた。

部分運転再開区間の笠師保〜能登中島間を行く普通列車。日本の原風景と呼ぶべき美しい里山と里海が堪能できる「のと鉄道」、さらに能登地方全体の復興が待ち望まれる。

小社・黒川社長（左）に穴水駅の被害状況を説明する中田社長。

穴水駅の1番ホームは留置されていた列車の重みでレールが損傷した。

きたいです。ゆくゆくは、弊社が鉄道を基軸とした地域活性化のモデルとなるよう、積極的に動いていきたいですね。今回の被災で能登半島は大きな打撃を受けました。でも、未来を見続けていたいです。創造的復興を目指して頑張っていきたいです。

——最後に全国の旅行ファン、鉄道ファンに何かメッセージはありますか？

（中田）全国から多くの支援や激励をいただき、本当にありがたいと思っています。各地の第三セクター鉄道各社様には弊社の鉄印をご販売いただき、弊社の売り上げ向上に貢献していただいています。

——支援の輪が広がっているのですね。

（中田）現在（※取材時）休止となっている区間に能登鹿島という駅があります。こちらの駅は桜の名所として知られています。現在の能登地方は観光客の受け入れは厳しい状況ですが、今年は無理でも来年以降、ぜひ春先にこの駅を訪れていただき、鉄道と桜のコラボレーションを存分に楽しんでいただきたいです。以前3月に大きな地震があったことがありますが、その年は桜が咲きませんでした。ちょうど蕾が大きくなる時期の地震だったので、生育に影響が出たのではないかと言われています。何とか桜の時期に全線開業が間に合うように、それを励みに復旧を進めていきたいです。

——本日はありがとうございました。

工事の進捗状況を説明する中田社長。厳しい状況の中でも前向きに進む姿が印象的だった。

のと鉄道沿線 見どころガイド

のと鉄道の起点・七尾駅がある七尾市街（手前）と能登島。いずれも今回の震災で甚大な被害を受けており、一日も早い復興が待ち望まれている。

　令和6年能登半島地震で甚大な被害を被ったのと鉄道だが、4月6日には七尾〜穴水間の全線が復旧する。とはいえ運転再開は能登半島の復興の端緒に過ぎず、むしろこれからが本番なのだ。復旧作業が続く能登半島に現時点で観光に行くのは困難だが、受け入れ態勢が整った暁にはぜひ彼の地を訪れ、復興の応援を兼ねて現地の観光を楽しみたい。ここでは、のと鉄道沿線の主な見どころをピックアップしてご紹介する。

春爛漫の里山風景の中を行く、のと鉄道のディーゼルカー。

●七尾駅
①花嫁のれん館

　幕末〜明治期に加賀藩領で始まった婚礼風習の花嫁のれんは、婚礼時に嫁ぎ先の仏間に掛けられたのれんを花嫁がくぐる。その後は出番のないのれんを公開しようと2016年春に開館。婚礼衣装をまとう花嫁のれんくぐり体験は、女性憧れの的であるが、男性にも紋付袴が用意され、ペアでの体験もできる。入館550円。無休。営業時間は9〜17時（入館は16時30分まで）。2024年3月9日現在休館中。（七尾駅から徒歩8分）

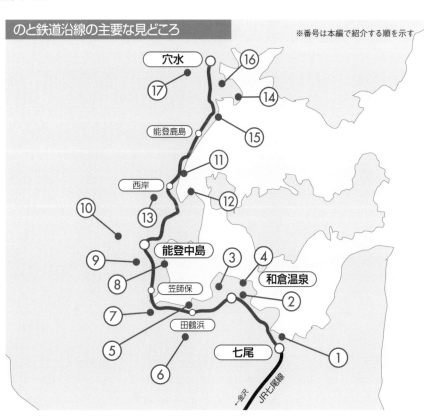

のと鉄道沿線の主要な見どころ

※番号は本編で紹介する順を示す

能登地方に古くから伝わる「花嫁のれん」についての資料が展示される「花嫁のれん館」。

和倉温泉では毎年夏に北陸最大級の花火大会が開催される。今夏の開催は未定だが、能登地方復興の暁にはぜひ見に行きたいイベントの一つだ。

昭和レトロファン垂涎の資料・文物が多数展示されている「和倉昭和博物館とおもちゃ館」。

七尾湾の美しい海岸に立つ「湯っ足りパーク」。営業再開の日が待ち望まれる。

北陸随一の賑わいを誇った温泉地・和倉温泉。地域では復旧に加えて新たな街づくりを模索する動きも見られる。

●和倉温泉駅
②輪島大士之碑

七尾市石崎町出身で、幕内最高優勝14回を記録する名横綱・輪島大士(1948〜2018)の顕彰碑で、輪島の母校の能登香島中学校裏に立つ。碑の裏側には初土俵から3年半で横綱に昇進するまでの輝かしい功績が記される。輪島は昭和50年代前半に力士としてのピークを迎え、横綱北の湖と輪湖時代を築いた。角界を離れた後は、全日本プロレスのレスラーやタレントとしても長く活躍していた。(和倉温泉駅から徒歩10分)

③和倉昭和博物館とおもちゃ館

明治から昭和初期のおもちゃを中心に館長が30年かけて集めた約1万点のアイテムを展示する。1階は昭和博物館として昭和の町並みを再現。昭和の生活用品や茶の間などノスタルジックな風景が広がる。2階はおもちゃ館でブリキの人形やめんこ、乗り物、人形などの玩具が多数見られる。入館800円。無休。開館時間は9〜17時。(和倉温泉駅から徒歩12分)

④湯っ足りパーク

日本海七尾湾に面した公園。園内の足湯「妻恋舟の湯」は、右手に能登島大橋、左手にツインブリッジの絶景が望める。足湯でも身体全体がポカポカして心身ともにリラックスできる。無料だが、タオルのレンタルや販売はして

いない。営業時間は9〜19時。2024年3月9日現在当面の間、使用不可。(和倉温泉駅から徒歩21分 ※和倉温泉駅から能登島交通バスで約7分、和倉インフォメーション前下車徒歩1分)

●田鶴浜駅
⑤田鶴浜野鳥公園

穏やかな七尾西湾に面し、池も配置されて野鳥が飛来しやすい環境を整備。野鳥観察台のビジターセンターでは野鳥の写真、イラスト、飛来状況などが展示され、2階には無料の望遠鏡もあってじっくり観察できる。飛来は12月〜翌3月の冬場で、カモや白鳥、ツルなど多種のバードウォッチングが楽しめる。入園無料。無休。営業時間は8時30分〜17時。(田鶴浜駅から徒歩10分)

⑥東嶺寺

1520年創建で、戦国時代に鹿島半郡をおさめた長氏の菩提寺。長氏は後に加賀藩重臣となり、1650年に現在の寺号へ改めた。前方と横は堀(用水)を巡らし、丘陵に見張台を設けるなど城郭風な構え。本堂や山門などが市の文化財、長家墓所が市の史跡に指定。田鶴浜の伝統工芸「田鶴浜建具」発祥の地と言われ、欄間や障子に組子細工が見られる。拝観時間は10〜15時。(田鶴浜駅から徒歩7分)

●笠師保駅
⑦弘法の霊泉

全国各地に点在する平安初期の弘法

大師(空海)が錫丈(しゃくじょう)で掘ったという井戸伝説のひとつ。御恩報謝の御堂や祠が建ち、地中から伸びるパイプから勢いよく水が噴出している。ご飯やコーヒー用に求めるファンも多い。(笠師保駅から徒歩20分)

●能登中島駅
⑧中島アグリサービス「可(とき)」

世界農業遺産に認定された「能登の里山里海」は、能登地域の4市5町によって保全されている。冬季は七尾湾の能登牡蠣をテーブルで焼いて食べられる。風味もよく肉厚で甘みのある牡蠣は人気。米や野菜も減農薬自家栽培でヘルシー、直売所では野菜や干し芋も販売する。冬季限定の不定休。営業時間は10〜16時。2024年3月9日現在今季営業未定。(能登中島駅から徒歩11分)

⑨殿様道

1853年4月、加賀12代藩主・前田斎泰(なりやす)が能登の海防状況視察に通った山道で、中島町の奥吉田から笠師まで約1200mが現存し、七尾市の史跡に指定されている。一部には石畳も残っており、往時の通行気分を体験できる。(能登中島駅から徒歩30分 ※能登中島駅から車で約5分)

⑩七尾市中島お祭り資料館・お祭り伝承館

国重要無形文化財指定の熊甲二十日祭の枠旗行事は毎年9月20日に行われる

が、当館では120インチの大画面でいつでも祭礼の熱気が体感できる。実物大の枠旗や38末社の猿田彦面なども展示する。入館200円。定休日は月曜（祝日の場合は翌平日）、冬季（12月11日〜3月10日）。営業時間は9〜17時。2024年3月9日現在休館中。（能登中島駅から徒歩30分　※能登中島駅から車で約5分）

●西岸駅
⑪明治の館（室木家住宅）

天領で庄屋を務め、酒造業、廻船業も営んだ豪農・室木家の旧宅。豪壮な合掌組入母屋造り茅葺の建物が市の有形文化財に指定されている。囲炉裏のある主屋と庭園、民俗資料を展示する旧米蔵を公開。入館300円。定休日は月曜（祝日の場合は翌日）、冬季（12月11日〜3月10日）。営業時間は9〜17時。2024年3月9日現在休館中。（西岸駅から徒歩8分）

⑫よこさ鼻

西岸駅の南側にある岬で、小牧台と呼ばれる高台に国民宿舎、少し北側に姉妹館があるが、いずれも地震のため臨時休館を余儀なくされている。西側にはレジャーボートやヨットの係留場、東側には牡蠣養殖用のブイが浮かんでのどかである。（西岸駅から徒歩10分）

⑬小牧のスダジイ

小牧白山神社の御神木で、七尾市の天然記念物の指定を受けている。樹齢600〜700年と推定され、樹高約18m、幹周り約9mで、案内板にも巨樹スダジイとしてランクインされていることが記される。支柱で保護されており、延命治療も施されている。（西岸駅から徒歩16分）

●能登鹿島駅
⑭鹿島神社

七尾北湾沿岸に生い茂る鎮守の杜が穴水方面から見ると島を思わせ、のと鉄道の車窓からも見える。創建時期は不明だが、常陸一之宮の鹿島神宮から歓請され、1874年に村社となった。祭神は武甕槌神（たけみかづちのかみ）。海から昇る朝日が望めるビュースポットとしても有名。（能登鹿島駅から徒歩9分）

⑮ボラ待ちやぐら

能登鹿島から穴水へ向かう列車の進行方向右手や国道249号線の根木ポケットパークから見える。日本最古の漁法で4本の丸太を四角錐に組んだ櫓の仕掛網にボラの群れが入るのを待つことからこの名が付いた。最盛期は町内で40基を数えたこの漁は1996年秋で終了し、現在は観光モニュメントに

なっているが、能登半島地震に耐えたことでも話題になった。（能登鹿島駅から徒歩20分）

●穴水駅
⑯能登長寿大仏

乙ヶ崎の海岸高台に2003年完成した文化施設「真和園」に建つ。座高8.35m、台座などを含む高さは13.7mに達し、青銅総重量は32tにおよぶ。穴水町で建設会社を起業した建立者の堀内秀雄氏（1908〜2009）が百歳の天寿を全うしたことに因み、当名称で呼ばれる。園内には他にも三重塔、弘法大師堂、観音菩薩像などもあって自由に散策が楽しめる。（穴水駅から徒歩38分　※車で約10分）

⑰来迎寺

814年、嵯峨天皇の勅願により建立した真言宗の古刹。当初の寺号は青龍寺であったが、江戸時代に現在の寺号に改めた。庭園は県の名勝。毎年4月下旬〜5月中旬に咲く来迎寺菊桜が県の天然記念物に指定。開花期に境内ライトアップも行われる。円山応挙と伝わる幽霊画2軸も展示されている。拝観300円。法要時休。拝観時間は9〜16時。（穴水駅から徒歩15分）

熊甲二十日祭の枠旗行事について紹介する資料館「七尾市中島お祭り資料館・お祭り伝承館」。

明治時代前期の豪農の住宅を資料館として公開する「明治の館」。

古くから用いられる漁法で用いられる「ボラ待ちやぐら」。車窓からも見ることができる。

穴水駅からほど近い鎮守の森に立つ「鹿島神社」。能登鹿島駅からも近くアクセスは良好。

能登半島に訪れたらぜひお詣りしたい「能登長寿大仏」。建立者のご長寿にあやかりたい。

平安時代に創建された古刹「来迎寺」。境内には美しい庭園を始め見どころが多い。

能登地方が復興したら乗りたい魅惑のグルメトレイン

復活が待たれる観光列車
「のと里山里海号」

写真提供：のと鉄道

七尾湾沿いの景勝地を行く「のと里山里海号」。一日も早く運転再開できる状況になることを祈りたい。

　4月6日に全線復旧を果たすのと鉄道だが、能登地方の復興はむしろこれからが本番。観光需要が回復するにはまだ相当の時間がかかると思われる。そのため、のと鉄道は看板列車である「のと里山里海号」の運転については、地域の復興状況に合わせて時機を見ながら検討したいとしており、本書発売時点では運転再開の目途は立っていない。「のと里山里海号」が運転できる状況を祈念しつつ、今回はその魅力に迫りたい。運転再開時にはぜひ本書を片手に、この列車を堪能していただきたい。

Information

【チケット購入】
「飲食付きプラン」（右ページ参照）は事前予約制。予約は電話（観光予約センター：0768-52-2300）にて、乗車日の1か月前から6日前の17時まで。

【運転】
七尾～穴水間で1日2.5往復が基本（時期によって異なる）。

【料金】（震災前の料金）
「飲食付きプラン」のスイーツプランは1800円、寿司御膳プランは2550円、このほかに「のと里山里海」号の利用料金として、普通運賃（乗車区間によって異なる）と乗車整理券（500円）を別途購入する。

木の質感を全面に出した現代的な室内空間。

寿司御膳プランでは能登地方の海の幸が堪能できる。

■運転再開が待たれる絶品グルメ列車

　のと鉄道七尾～穴水間を走る観光列車「のと里山里海号」。「能登の里山里海が織りなす風景と旬の味を楽しむ」ことをコンセプトにした開発された列車だ。北陸新幹線が金沢駅まで延伸開業を控えた2013（平成25）年、能登地区の観光活性化、金沢地区の旅行を計画している層への訴求力強化を目的に、のと鉄道を走行する観光列車の企画・開発が開始された。製造費については石川県や沿線自治体も拠出し、斬新なコ

ンセプトによる新しいスタイルの観光列車とすることが決定。その結果、日本の原風景とも言うべき能登の大自然を堪能しながら、オンリーワンの食事・スイーツが味わえる列車とすることが決定。列車名となっている"能登の里山里海"は、国連食糧農業機関（FAO）による世界農業遺産として、2011（平成23）年6月に日本で初めて認定されたエリア名に由来している。
2015（平成27）年4月に運転を開始。新規に製造されたNT300形2両の専用編

成で、それぞれ「里山車両」「里海車両」と名前が付けられた。通勤通学輸送など地域の足として活躍している同社主力車両のNT200形とエンジンや車体は同じ構造だが、塗色や内装は一新されている。

　外装は、濃紺の塗色で日本海の青を、裾の赤い帯は能登の大地を表現している。能登の黒瓦をイメージしたという鏡面仕上げの塗色は美しさと優雅さを感じさせる。

　内装は、海に向いたカウンター席と

のと里山里海号の時刻表

列車名	七尾駅	和倉温泉駅	能登中島駅		穴水駅	飲食付きプラン【6日前まで要予約】
のと里山里海1号	8:55発	9:04発	9:20着	9:33発	9:59着	
のと里山里海3号	12:30発	12:36発	12:50着	13:04発	13:30着	寿司御膳
のと里山里海5号	15:32発	15:44発	15:58着	16:10発	16:36着	

列車名	穴水駅	能登中島駅		和倉温泉駅	七尾駅	飲食付きプラン【6日前まで要予約】
のと里山里海2号	11:00発	11:26着	11:42発	11:59発	12:05着	
のと里山里海4号	14:15発	14:41着	14:56発	15:12発	15:18着	スイーツ

スイーツプランでは著名パティシエの辻口博啓氏による絶品スイーツが提供される。

高品位サービスを提供する「のと里山里海号」。接客や観光案内を行う客室乗務員（アテンダント）も乗務する。

高品位サービスを提供する「のと里山里海号」。接客や観光案内を行う客室乗務員（アテンダント）も乗務する。

▌3つの乗車プラン

①乗車プラン

　車両と旅そのものを楽しみ人にお勧めのプラン。新規に製造されたNT300形は、観光輸送に特化した内外装の車両。鉄道ファンならずとも、その魅力の虜になること請け合いだ。

②スイーツプラン

　沿線出身の著名パティシエ辻口博啓氏による限定スイーツセットが楽しめる。流れゆく能登の風景を眺めながら味わう絶品スイーツの数々は、忘れがたい思い出になることだろう。

③寿司御膳プラン

　のどぐろ、あわび、ふぐなど、能登の新鮮な海の幸をふんだんに用いた絶品料理が堪能できる。国内各地で運転されるグルメトレインだが、こちらの寿司御膳は特に高い評価を獲得している。

日本の原風景を堪能しながら 絶品寿司とスイーツを楽しむ

　ボックス席が配置され、それぞれにテーブルが設置されている。座席配置は2両で共通しているが、「里山車両」は里山をイメージしたオレンジ、「里海車両」は里海をイメージしたブルーの布地を座席に採用している。また、輪島塗や田鶴浜建具といった能登の伝統工芸品が車内に展示されており、さながら"走るギャラリー"といえる。ほかにも照明などにはレトロな雰囲気があり、落ち着いている。

　「のと里山里海」1〜5号として2往復半を運行しているが、乗車するために3つのプランが用意されている。

・**「乗車プラン」**は、運賃と乗車整理券で乗車できるプラン。アテンダントによる線案内を聞きながら、車窓を存分に楽しむプラン。

・**「スイーツプラン」**は「のと里山里海4号」で実施されるプランで、沿線の七尾市出身のパティシエ辻口博啓氏の監修した限定スイーツのセット。ケーキ、お菓子の詰め合わせ、コーヒーなどがセットになったプラン。

・**「寿司御膳プラン」**は「のと里山里海3号」で実施される。沿線の七尾市の名店"信寿し"による能登の新鮮な海の幸をふんだんに使用した特製寿司御膳弁当とデザートがセットになった豪華なプラン。

　全国各地にレストラン列車が運転されているが、この列車の寿司とスイーツの評価は際めて高い。

　列車に乗車したら車窓風景も堪能したい。のと鉄道沿線は七尾湾に沿った風光明媚な区間がハイライトである。

　下り列車に乗車した場合、田鶴浜駅を過ぎると海側に七尾湾と和倉の温泉街が見える。次の停車駅は能登中島駅。約10分間停車するので、構内に保存されている国鉄時代の郵便車オユ10形の見学を楽しみたい。

　能登中島駅を出ると西岸駅付近からは七尾湾に沿って走るため、絶景区間が連続し、運が良ければイルカを見ることもできる。この区間では何度か徐行か一時停止を行い、アテンダントが案内してくれるため見逃がすことはない。

　能登鹿島駅は「能登さくら駅」の別名があるほど有名な桜名所で、桜のシーズンには車内からもお花見が楽しめる。終点の穴水駅の手前のトンネルでは、職員による手づくりのトンネルイルミネーションが目を楽しませてくれることだろう。

　「のと里山里海」運転再開は、地域の復興状況を踏まえつつ検討されるとのこと。早期の復活を心から願いたい。

北陸新幹線
金沢〜敦賀間 延伸開業

敦賀〜越前たけふ間を行く北陸新幹線W7系。新幹線の延伸開業により、北陸地方の列車運転体系は一変した。写真提供：JR西日本

北陸新幹線に設定される「グランクラス」。車内にはアテンダントが乗務して上質な接客サービスが提供される。写真提供：JR西日本

青基調デザインのW7系のグリーン車。電動リクライニングやレッグレストが設置され、高い居住性が確保されている。写真提供：JR西日本

構想から55年を経て北陸横断ルートが完成
北陸新幹線の歴史と現況…そして未来

北陸新幹線の金沢開業以来、一貫して使用されているE7系・W7系。

　3月16日の金沢〜敦賀間の延伸開業により北陸新幹線の北陸横断ルートが形成された。北陸3県の住民にとって宿願だった北陸新幹線だが、ここに至る道のりは決して平坦なものではなかった。

■整備新幹線の計画と着工

　1964(昭和39)年10月に開業した東海道新幹線(東京〜新大阪間)は、構想・計画段階における懐疑論を覆し、予想を大きく上回る利用実績を記録した。全区間を道路と立体交差として踏切を廃止するとともに、ATC(自動列車制御装置。最高速度を車内信号で運転士に示すとともに、当時最新鋭の保安装置を搭載したことにより、新幹線は安定的で安全性の高い運行体制を実現した。また、新幹線電車(後に0系と呼称)では当時の国内最高峰の客室サービスが提供され、新幹線は「新時代の鉄道」としての評価を揺るぎないものと

していった。

　その結果、1965(昭和40)年9月に山陽新幹線新大阪〜岡山間、さらに1969(昭和44)年6月には同新幹線の岡山〜博多間の建設が相次いで決定している(山陽新幹線は1975年3月に全通)。この頃には、全国各地で新幹線を待望する声が高まりを見せていった。

　1969(昭和44)年5月に政府が策定した「新全国総合開発」(通称「新全総」)には、全国新幹線網の構想が盛り込まれているが、その一つとして首都圏と近畿圏を北陸地方経由で結ぶ「北回り新幹線」の計画が盛り込まれた。これがのちの北陸新幹線計画の嚆矢となる。

　1970(昭和45)年5月には「全国新幹線鉄道整備法」(通称「全幹法」)が公布、「国土の均衡ある発展のために優先的に整備するべき路線」として、東北、上越、成田の3つの新幹線が指定された。さらに運輸省は、1972(昭和47)年7月に北海道新幹線(青森市〜札幌市間)、九州新幹線(福岡市〜鹿児島市間)と同時に、東京都〜大阪市間を長野市付近、富山市付近経由で結ぶ「北陸新幹線」の基本計画を告示。さらに翌1973(昭和48)年11月に政府は優先的に整備する新幹線路線として、北海道新幹線、東北新幹線盛岡市〜青森市間、北陸新幹線、九州新幹線鹿児島ルート、同長崎ルート(後に西九州ルート

全国新幹線鉄道整備法に基づき1973(昭和48)年に整備新幹線に指定された5路線						
路線名	起点	終点	主要な経由地	路線延長	2024年現在の事業進捗	既開業区間
北海道新幹線	青森県青森市	北海道札幌市	函館市付近・小樽市付近	約360 km	一部開業	新青森 〜新函館北斗間
東北新幹線	岩手県盛岡市	青森県青森市	八戸市付近	約179 km	全線開業	盛岡 〜新青森間
北陸新幹線	東京都	大阪府大阪市	長野市・富山市・小浜市付近	約600 km	一部開業	東京〜敦賀間
九州新幹線(鹿児島ルート)	福岡県福岡市	鹿児島県鹿児島市	熊本市・薩摩川内市付近	約257 km	全線開業	博多〜鹿児島中央間
九州新幹線(西九州ルート)	福岡県福岡市	長崎県長崎市	佐賀市付近	約118 km	一部開業	博多〜新鳥栖間/武雄温泉〜長崎間

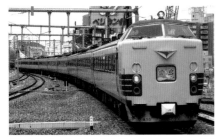

後に「サンダーバード」と改称された特急「雷鳥」。一部列車は新潟にも乗り入れていた。

かつて大阪・福井〜青森間に設定されていた特急「白鳥」。北陸の都市間輸送も担っていた。

多客期には489系が充当されたこともある特急「はくたか」（越後湯沢始発時代）。

スーパー特急規格の車両が走行する前提で建設された北越急行ほくほく線。かつては、特急「はくたか」が運転されていた。

スーパー特急

ミニ新幹線

初のミニ新幹線として開業した山形新幹線。長野冬季オリンピックが開催されなければ、北陸新幹線（高崎〜長野間）に導入された可能性もあった。

に改称）の5路線6区間を指定、これらの区間は以後「整備新幹線」と呼称されるようになる。このとき、北陸新幹線の東京都〜高崎市間の線路については、上越新幹線と共用とすることも決定した。

だが、同年下半期に発生した第4次中東戦争を契機とする「オイルショック」により高度経済成長期は終焉。同時期には国鉄財政の急速な悪化が国民的な関心事となったことから、昭和50年代に入ると北陸新幹線を含む整備新幹線の建設は凍結された。

1982（昭和57）年9月の臨時行政調査会（通称「土光臨調」）でも北陸新幹線を含む整備新幹線の建設凍結継続が確認されたが、同年には東北新幹線（大宮〜盛岡間）、上越新幹線（大宮〜新潟間）が相次いで開業。沿線エリアでは経済・産業が大きく伸長し、新幹線開業による波及効果の大きさを、政府関係者のみならず多くの国民が改めて実感する契機となった。

1985（昭和60）年には行財政改革が一定の成果を収めたことから、政府部内でも「整備新幹線の建設を容認すべき」との声が高まりを見せていった。同年12月には、北陸新幹線の高崎〜小松間の建設認可申請が行われ、この時点では北陸新幹線の整備が再始動するかに見えた。だが、当時は国鉄の放漫財政を招いたのは過大な設備投資（新線建設）によるものとの意見も根強く、整備新幹線の建設再開についてのマスコミの論調は否定的なものが支配的だった。

▌運輸省案が事態を打開

1986（昭和61）年12月に「日本国有鉄道改革法」が成立し、国鉄分割民営化が正式に決定すると、政府は長らく凍結状態にあった整備新幹線の建設促進についても閣議決定するに至った。1987（昭和62）年4月、公共企業体・日本国有鉄道は分割・民営化され新たにJRグループが発足。北陸新幹線については開業の暁にはJR東日本とJR西日本がそれぞれのエリアの営業を担うこととなったが、この時点では予算拠出割合など具体的な建設スキームについては未決定事項が多く残されていた。

また、政府の思惑とは裏腹に国の予算管理を担う大蔵省（現・財務省）は依然として整備新幹線の建設について否定的なスタンスを崩すことはなかった。事態を打開すべく運輸省は1988（昭和63）年に整備新幹線の早期整備を目的とした新たな事業計画案（いわゆる「運輸省案」）を発表。整備費に多額な予算を必要とする既存の新幹線路線（フル規格）の建設区間を縮減するために、ミニ新幹線とスーパー特急を組み合わせながら、フル規格の新幹線に準じた時間短縮効果を図るというものだった。

ミニ新幹線は新幹線車両を在来線に直通させることにより、新幹線の高速性を在来線沿線都市にも波及させることを目的に開発された手法である。在来線への乗り入れを可能とするため、車両の規格（サイズ）は在来線と同様のものとされる。その一方、新幹線区間では新幹線と同様の高速運転に対応するスペックが確保されるため、新幹線区間では時速260〜270km程度、在来線区間でも時速130km程度での運転が可能となる。

新幹線車両の乗り入れ区間の軌間（線路幅）を新幹線と同様の1435mmに改軌する必要はあるが、フル規格の新幹線を新たに建設するよりは大幅に建設費が圧縮できるというメリットがある。ミニ新幹線は後に山形新幹線や秋田新幹線で実現しているが、ミニ新幹線区間の沿線都市と東北新幹線各駅との到達時間短縮に大きな成果を上げている。

一方、スーパー特急方式は、高速運転（時速130〜160km程度）を可能とする車両を、新たに建設した都市間を短絡する高速新線を走行させることにより、到達時間の短縮を図るという手法である。高速新線の路盤、トンネル、高架橋などの各種構造物についてはフル規格新幹線と概ね同仕様で整備するもの、軌道は在来線と同様の1067mmとなるため、在来線の駅に乗り入れが可能となる。そのため、都市部では既存の駅を活用することができ、結果として駅建設コスト総額を大幅に縮減できるというメリットがある。

だが、フル規格の新幹線を待望していた整備新幹線の沿線からは大きな落胆の声が上がったのも事実だ。さらに、この運輸省案ではそれまで並列だった各整備新幹線に順位付けを実施。北陸新幹線の高崎〜長野間（高崎〜軽井沢間はフル規格、軽井沢〜長野間はミニ新幹線）、同じく北陸新幹線の高岡〜金沢間（スーパー特急方式）は最優先で整備されることとなった。また、東北新幹線盛岡〜青森間、九州新幹線八代〜西鹿児島（現・鹿児島中央）間に続く順番ながらも、北陸新幹線の糸魚川〜魚津間（スーパー特急方式）の整備も合わせて決定した。

仮にこの時点での計画通りに軽井沢〜長野間がミニ新幹線として開業していた場合、長野〜上越については高速規格の車両（ミニ新幹線やスーパー特急）の乗り入れに対応する路線が整備された確率は低かったものと考えられる。

今回の敦賀延伸開業により、福井県と首都圏・北陸地方主要都市間のアクセスは飛躍的に向上した。

芦原温泉駅の改札。北陸新幹線には現代的なデザインの駅が連なり、いずれも地域のランドマークとして機能している。

北陸新幹線の長野〜金沢間が開業した際の式典の様子。金沢延伸に至るまでには紆余曲折の連続だった。

写真提供：JR西日本

だが、1991（平成3）年8月に長野冬季オリンピックの開催が決定すると事態は一変。軽井沢〜長野間のフル規格化が決定したのであった。

■スーパー特急の新線を編入

スーパー特急の新線は当初高岡〜金沢間に建設される予定だったが、並行在来線として高岡〜石動間がJR西日本から分離されることを嫌った富山県の主張を受け、スーパー特急新線の起点は高岡から石動に変更され、1992（平成4）年8月に着工された。難工事が予想されたため、先行着工していた加越トンネルは石動を経由しない従来のルート上にあったため、宙に浮いた形となり結局富山県がその時点までに発生した建設費を負担することで決着している。

その後、1994（平成6）年10月には糸魚川〜魚津間のスーパー特急の新線も着工を果たしたが、両区間の完成後には六日町〜犀潟間で建設中だった北越急行（ほくほく線）と直結し、越後湯沢〜富山〜金沢間にスーパー特急が走行することが決定していた。

1996（平成8）年12月の政府与党合意により、長野〜上越間のフル規格による建設、富山、小松、福井についてフル規格新幹線用の駅施設を先行整備することを決定した。1997（平成9）年3月には北越急行ほくほく線が開業、越後湯沢〜金沢間に特急「はくたか」が設定され、それまで長岡経由が最速だった首都圏〜北陸間の旅客需要の多くが越後湯沢経由にシフトした。

同年10月には北陸新幹線の高崎〜長野間が開業、東京〜長野間には「あさま」が設定された。北陸に行く列車と誤認されないよう当面は「長野（行）新幹線」と称される

こととなった。北陸新幹線の部分開業による長野県への経済波及効果は絶大で、北陸地方ではフル規格新幹線を待望する声が高まりを見せていった。

1998（平成10）年1月に「政府・与党整備新幹線検討委員会における検討結果」が公表され、東北新幹線（八戸〜新青森間）、九州新幹線（船小屋〜新八代間）に次ぐ整備順位（3位）ながらも北陸新幹線長野〜上越間の建設が正式に決定した。

さらに、2000（平成12）年12月の「整備新幹線の取扱いについて」の政府・与党申合せにおいて、北陸新幹線長野〜富山間のフル規格による整備が決定。スーパー特急新線として建設が進んでいた糸魚川〜魚津間は北陸新幹線に編入されることも決定した。同時に金沢〜南越（現・越前たけふ）間についての整備の方向性も開かれ、福井駅周辺の駅施設の整備が先行して実施されることが決定した。

2001（平成13）年3月には長野〜上越間が着工を果たした。さらに、2004（平成16）年12月の政府・与党の合意により、北陸新幹線の長野〜富山〜金沢車両基地（現・白山総合車両所）間の全区間のフル規格による整備が決定。石動〜金沢間はスーパー特急用の新線が転用されることとなった。2006（平成18）年4月には福井駅とその周辺の高架区間が着工、同年12月には南越〜敦賀間の工事実施計画の認可申請が行われ、敦賀までのフル規格による整備が確定的となった。

2012（平成24）年には金沢〜敦賀間の開業に合わせて富山〜大阪間に軌間可変電車（フリーゲージトレイン）を導入することについての検討も開始されたが、新幹線を走行できる軌間可変電車は現時点でも実用化に至らず、計画は後に立ち消えと

なった。

2015（平成27）年1月の政府・与党の申し合わせでは金沢〜敦賀間の開業時期を当初想定より前倒しとした2025年度、金沢〜福井間についてはさらなる前倒しを目指すことが発表された。

同年3月には北陸新幹線の長野〜金沢間が延伸開業、新たに「かがやき」「はくたか」「つるぎ」の3列車が誕生した。同時に北越急行の「はくたか」は設定を終了、上越妙高〜新潟間に特急「しらゆき」、金沢〜福井間に特急「ダイナスター」が運転を開始するなど、接続在来線の運転体系も一変した。首都圏と富山・金沢が直結したインパクトは大きく、開業区間沿線の産業・観光は大いに振興。福井県への延伸がそれまで以上に待望されるようになった。

2016（平成28）年12月には与党PTが、敦賀以西のルートを「小浜・京都ルート」とすることを発表し、本来の終点である大阪市方面への延伸に向けて動きが本格化していった。その後、2017（平成29）年3月には与党PTが福井先行開業の断念を発表、金沢〜敦賀間が同時開業することが決定した。

2024（令和6）年3月に金沢〜敦賀間が延伸開業を果たし、福井県と首都圏はついに新幹線で直結を果たした。福井県のみならず、北陸地方全体への波及効果が期待されている。

政府・与党は敦賀以西の早期整備を目指しての動きを加速させている。大阪側の起点駅は新大阪が予定されており、開業の暁には山陽・九州方面と北陸地方のアクセスも飛躍的に向上することが期待されている。

北陸新幹線のダイヤと運賃を徹底検証

北陸新幹線の金沢〜敦賀間の延伸開業により、福井県の鉄道は新たな時代の幕を開けた。最速達列車の「かがやき」は東京〜敦賀間を3時間8分（最速列車の場合）で結び、首都圏との物理的距離は大きく縮まった。さらに、東京〜敦賀間には準速達列車の「はくたか」、富山〜敦賀間には北陸都市間輸送を担う「つるぎ」も設定され、ニーズに応じた細やかなダイヤ編成がなされている。

首都圏のみならず、京阪神や中京との到達時間を短縮した北陸新幹線。多様なニーズに応えるダイヤが追求された。

対首都圏と北陸都市間連絡を両立させる運転体系を追求

　今回の敦賀延伸開業により、これまで金沢止まりだった北陸新幹線のダイヤは大きく変化した。2015（平成27）年3月の長野〜金沢間の延伸開業の際に新設された最速達列車の「かがやき」、準速達列車の「はくたか」、富山以西の都市間輸送に特化した「つるぎ」の3列車による運行体制は踏襲され、それぞれの列車が敦賀まで延伸された形となる。

　「かがやき」の東京〜敦賀間の列車のうち、途中の大宮・長野・富山・金沢・福井のみに停車する列車は1日5往復設定。東京〜福井間は最速2時間51分、東京〜敦賀間は最速3時間8分となり、今回の延伸開業で新設された列車の中でも目玉となる存在だ。「かがやき」には、金沢〜敦賀間の一部駅に停車する列車も1日4往復設定されるが、こちらは小松・加賀温泉・芦原温泉・越前たけふの各駅と長野方面・首都圏を結ぶ最速列車となる（停車パターンは列車によって異なる）。このほか、東京〜金沢間の「かがやき」も1往復設定される。

　「はくたか」は1日15往復運転されるが、金沢〜敦賀間に乗り入れるのは5往復のみ。上越妙高〜敦賀間の全駅に加え、一部は高崎、軽井沢、上田、飯山にも停車するので、北陸〜長野・北関東方面の移動の際にも重宝する。「つるぎ」は富山〜敦賀間に18往復設定、うち5往復は小松、加賀温泉、芦原温泉、越前たけふの4駅を通過する速達タイプとなる。金沢〜敦賀間にも7往復の「つるぎ」が設定されるが、うち4往復は速達タイプとなる。

　今回延伸開業した区間の中間駅は、いずれも1面2線か2面2線のため、この区間内では速達列車と各駅停車タイプの列車の緩急結合は実施されない。なお、新規開業区間の輸送上の拠点駅となる福井駅については、当初は2面4線（島式ホーム2本）とされる予定だったが、用地買収など諸事情から1面2線（島式ホーム）として開業した。そのため、同じく県庁所在地の駅である富山駅や金沢駅とは異なり始発・終着列車の設定は見送られている。

　「かがやき」「はくたか」とも、熊谷・本庄

赤系統のシートモケットを採用し、落ち着いた雰囲気が演出されるW7系の普通車。写真提供：JR西日本

北陸新幹線　東京～敦賀間の停車パターン（「あさま」は除く）

列車名	運転本数	東京	上野	大宮	熊谷	本庄早稲田	高崎	安中榛名	軽井沢	佐久平	上田	長野	飯山	上越妙高	糸魚川	黒部宇奈月温泉	富山	新高岡	金沢	小松	加賀温泉	芦原温泉	福井	越前たけふ	敦賀
かがやき	5往復	●	○	●	─	─	─	─	─	─	─	●	─	─	─	─	●	─	●	─	─	─	●	─	●
	4往復	●	●	●	─	─	─	─	─	─	─	●	─	─	─	─	●	─	●	○	○	○	●	○	●
	1往復	●	●	●	─	─	─	─	─	─	─	●	─	─	─	─	●	●	●	─	─	─	●	─	●
はくたか	5往復	●	●	●	─	─	●	─	○	─	○	●	─	○	●	●	●	●	●	●	●	●	●	●	●
	9往復	●	●	●	─	─	○	─	●	○	●	●	○	●	●	●	●	●	●	●	●	●	●	●	●
	1往復											●	●	●	●	●	●	●	●	●	●	●	●	●	●
つるぎ	5往復																●	●	●	─	─	─	●	●	●
	13往復																●	●	●	●	●	●	●	●	●
	4往復																		●	●	●	●	●	●	●
	3往復																		●	●	●	●	●	●	●

●＝停車　○＝一部停車　─＝通過

早稲田（いずれも上越新幹線）・安中榛名に停車する列車は設定されないので、長野駅で「あさま」から乗り換える必要がある。敦賀駅発着の新幹線列車は、大阪～敦賀間の「サンダーバード」、名古屋～敦賀間の「しらさぎ」に接続が図られており、京阪神や中京と北陸地方諸都市との到達時間も大幅に短縮されている。

東京～福井・敦賀間の運賃＋料金の合算金額（通常期）

種別	普通車		グリーン車	グランクラス	
区間	自由席	指定席	指定席	B料金 （飲食サービスなし）	A料金 （アテンダント乗務列車）
東京～福井間	15,280	15,810	23,660	27,860	32,040
東京～敦賀間	15,830	16,360	24,210	28,410	32,590

編成内に３ランクの席種を設定 「かがやき」は全車指定席

北陸新幹線の車両はJR東日本所有車がE7系、JR西日本所有車がW7系と形式名は異なるが、基本的なスペックは同一で外観上の差異もない。12両編成で普通車10両、グリーン車1両、グランクラス1両で構成される。

グランクラスは、"新幹線のファーストクラス"に位置づけられる特別車両で、バックシェルタイプのシート18席（横3列）で構成される。各座席にはダイニングテーブルや、カクテルトレイ、デスクライトなども設置されており独立性が高い。アテンダントが乗務する列車では、フリードリンクや軽食のサービスも行われるなど、国内最高峰のサービスが提供される。この車両に乗車する際には、普通運賃に加えて特急料金とグランクラス料金が必要となる。

グリーン車は横4列のハイグレード座席で、全国各地の新幹線や特急列車と同様の上質な居住空間が確保されている。利用する際には普通運賃と特急料金とに加えグリーン料金が必要となる。

普通車は「かがやき」は指定席のみ、「はくたか」「つるぎ」は一部が自由席となる。「かがやき」に乗車する際には指定席特急券が必須となるので、車内での特急券購入は不可となる。指定席特急料金は乗車する日程によって変動する。

なお、敦賀延伸開業前までは「つるぎ」にはグランクラスは設定されなかったが、今回の延伸により運転区間が拡大されたため乗車可能となった。

北陸新幹線各列車の編成表

列車名	←東京方面					号車番号						敦賀方面→
	1	2	3	4	5	6	7	8	9	10	11	12
かがやき	指定席	指定席	指定席	指定席	指定席	指定席	指定席	指定席	指定席	指定席	グリーン車	グランクラス
はくたか	自由席	自由席	自由席	自由席	指定席	指定席	指定席	指定席	指定席	指定席	グリーン車	グランクラス
つるぎ	自由席	自由席	指定席	指定席	指定席	指定席	指定席	指定席	指定席	指定席	グリーン車	グランクラス

※一部の「つるぎ」は3・4号車が自由席となる。

北陸新幹線敦賀開業により再編成された在来線特急

敦賀駅で接続する新幹線と在来線特急

敦賀駅の乗り換えコンコース（開業前）。乗客の円滑な乗り換えを実現するため、現在では各種表記を充実させている。写真提供：JR西日本

3月16日の北陸新幹線金沢～敦賀間の開業に伴い実施されたダイヤ改正により、北陸地方の在来線特急の運転体系は一新された。北陸本線金沢～敦賀間は北陸新幹線の並行在来線としてJR西日本から経営分離され、第三セクター鉄道のIRいしかわ鉄道、ハピラインふくいとして再発足を果たした。

その結果、これまでこの区間では在来線特急主体のダイヤを組んでいたが、新幹線開業を期に地域輸送に特化したダイヤが組成されることとなり、特急列車の設定は終了した。これにより特急「おはようエクスプレス」（敦賀～金沢間）、特急「おやすみエクスプレス」（敦賀～金沢間）、特急「ダイナスター」（福井～金沢間）の3列車は廃止された。

敦賀駅の新幹線・在来線特急の乗り継ぎルートを示す立体図
画像提供：JR西日本

「サンダーバード」と「しらさぎ」の乗り換え客を誘導する案内表示。色分けされているのでわかりやすい。

新幹線駅の直下に新設された在来線特急ホーム。33・34番線は乗車ホームとされた。

敦賀駅の在来線特急ホームからは北陸本線の上り列車のみが発着する。

特急「サンダーバード」の運転区間は大阪～金沢・和倉温泉間から大阪～敦賀間に変更された。

バリアフリー対策にも注力されており、在来線ホームから新幹線ホームにはエスカレーター・エレベーターのみでアクセスできる。

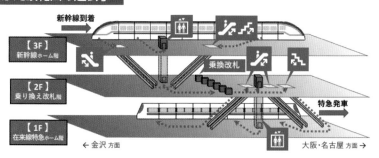

のりかえ改札口の通り方
画像提供：JR西日本

【3F】新幹線ホーム階　新幹線到着
【2F】乗り換え改札階　乗換改札
【1F】在来線特急ホーム階

← 金沢 方面　　　　特急発車　　大阪・名古屋 方面 →

新幹線コンコースから在来線ホーム（特急以外）の連絡通路には動く歩道が設置された。

大阪〜金沢間が最速2時間9分
大阪〜富山間が最速2時間35分

　ダイヤ改正以前、大阪〜金沢・和倉温泉間で運転されていた特急「サンダーバード」は大阪〜敦賀間に短縮、同じく名古屋・米原〜金沢間で運転されていた特急「しらさぎ」は名古屋・米原〜敦賀間に変更。それぞれ敦賀で北陸新幹線との接続を前提とする特急列車へと質的変化を遂げた。

　新幹線と在来線特急の円滑な接続に最大限配慮したダイヤ組成とされ、「サンダーバード」「しらさぎ」と乗り換え可能な「つるぎ」も多数設定された。乗り継ぎ時間を含んでも北陸新幹線の開業による到達時間短縮効果は大きく、大阪〜福井間は最速1時間44分（3分短縮）、大阪〜金沢間は最速2時間9分（22分短縮）、大阪〜富山間は最速2時間35分（29分短縮）、名古屋〜福井間は最速1時間33分（3分短縮）、名古屋〜金沢間は最速2時間9分（16分短縮）、名古屋〜富山間は2時間35分（23分短縮）となった。

■在来線特急用ホームを新設

　敦賀駅では新幹線ホームの直下に在来線特急専用ホームが新設され、乗り換え客の利便性が追求されている。新大阪駅のように新幹線と在来線の交点に立体的なホーム施設を建設する例や、新幹線ホームと在来線ホームを同一レベルとして乗り換え時間の短縮を図った例はあったが、今回のようなケースは新幹線では初の試み。乗り換え標準時間は8分とされており、混雑時を中心にこの構造の導入効果が期待されている。

　特急用ホームは新幹線用と同様に2面4線となり、余裕のあるダイヤ組成を可能としている。構内西側の31番線は特急「しらさぎ」、32番線は特急「サンダーバード」の降車専用ホーム、33番線は特急「サンダーバード」、34番線は特急「しらさぎ」の乗車ホームとされ、人流の円滑化も図られている。乗り継ぎ客への利便性を向上させる

ため、コンコース床面には「サンダーバード」を青色、「しらさぎ」を山吹色とする大型誘導表示が貼付され、乗り間違えを防ぐ。なお、敦賀駅で折り返す特急列車は、駅構内南今庄寄りにある引き上げ線で方向転換が行われる。

　一方、特急以外の在来線ホームは3面7線のまま残され、北陸本線の「新快速」と普通、小浜線、IRいしかわ鉄道線の列車が発着する。新幹線と在来線を結ぶ連絡通路には動く歩道も新設されるなど、利用者目線に立った配慮が随所に取り入れられている。

　なお、七尾線に設定されていた「サンダーバード」が廃止されたことから、特急「能登かがり火」（金沢〜七尾・和倉温泉間）が1往復増発され5往復体制に増強された。「能登かがり火」も北陸新幹線との接続が考慮されたダイヤとされ、北陸地方各都市（金沢以西）と能登地方の到達時間の短縮が図られている。復興が始まったばかりの能登地方では現在、観光需要が激減していることもあり、同区間の特急「花嫁のれん」（1日2往復・金土日祝日を中心に運転）は当面の間は運転されない見込み。※「能登かがり火」は運転中。

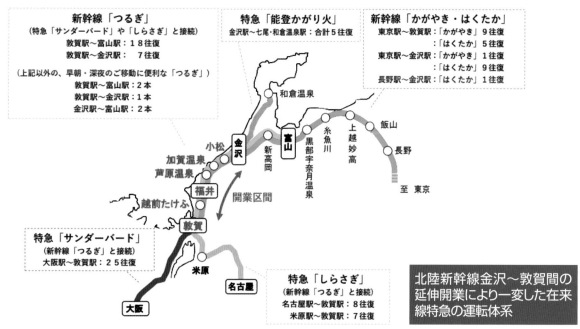

新幹線「つるぎ」
（特急「サンダーバード」や「しらさぎ」と接続）
敦賀駅〜富山駅：18往復
敦賀駅〜金沢駅：7往復

（上記以外の、早朝・深夜のご移動に便利な「つるぎ」）
敦賀駅〜富山駅：2本
敦賀駅〜金沢駅：1本
金沢駅〜富山駅：2本

特急「能登かがり火」
金沢駅〜七尾・和倉温泉駅：合計5往復

新幹線「かがやき・はくたか」
東京駅〜敦賀駅：「かがやき」9往復
　　　　　：「はくたか」5往復
東京駅〜金沢駅：「かがやき」1往復
　　　　　：「はくたか」9往復
長野駅〜金沢駅：「はくたか」1往復

特急「サンダーバード」
（新幹線「つるぎ」と接続）
大阪駅〜敦賀駅：25往復

特急「しらさぎ」
（新幹線「つるぎ」と接続）
名古屋駅〜敦賀駅：8往復
米原駅〜敦賀駅：7往復

和倉温泉　小松　金沢　新高岡　富山　黒部宇奈月温泉　糸魚川　上越妙高　飯山　長野
加賀温泉　芦原温泉　福井　開業区間　至 東京
越前たけふ　敦賀　米原　名古屋　大阪

北陸新幹線金沢〜敦賀間の延伸開業により一変した在来線特急の運転体系

画像提供：JR西日本

小　松

こまつ　Komatsu

北陸新幹線新駅ガイド①

開業年月日：1897(明治30)年9月20日
乗車人員：3,282人(2019年／JR西日本調べ)
構内配線：2面2線(新幹線)・2面3線(在来線)
発車メロディ：松任谷由実氏制作のオリジナル楽曲
駅所在の自治体：石川県小松市(人口約10万4千人)

相対式ホームの新幹線ホーム。待避線・通過線の設置は見送られた。

改札内コンコースの柱の部材は小松城や金沢城の石垣にも使われた「滝ヶ原石」、天井には小松名産の「日用杉」が用いられた。

10万都市小松市の玄関駅として面目を一新した小松駅新駅舎。

　加賀地方の中核都市・小松市の玄関駅である小松駅は、古くから地域交通の拠点として発展を重ねてきた。そのため、金沢駅から27.1kmと比較的近い距離にありながらも、路線構想当初から小松市域に駅を設置する方針は揺らぐことはなかった。新幹線駅の建設に合わせて改築された駅舎は、鉄道・運輸機構が「ふるさとの伝統を未来へ受け継ぐ駅」をデザインコンセプトとして設計。雪をまとった霊峰白山の山並みを表現した外観、九谷焼をはじめとする地場産材を多用した内装は、地域のランドマークとして長年親しまれるであろう。2面2線の新幹線ホームからは白山の山並みが一望できるようホームに面して大型窓が設置された。最速達列車の「かがやき」の停車は1日2往復、さらに「はくたか」5往復、「つるぎ」13往復が停車し、乗車機会は豊富に提供されている。駅構内には待合スペースと、それに隣接して土産物店・売店が設置されており、駅弁や地酒も販売される。

待合室には地元作家の九谷焼作品の展示コーナーが設置された。

既存の駅舎も西口駅舎として継続して使用される。在来線(IRいしかわ鉄道)ホームは2002年11月に高架化が完了した。

▌小松駅接続交通情報

　北陸本線から分離されて発足したIRいしかわ鉄道と接続する（乗り換え改札口を通過する必要がある）。石川県南部の交通の拠点である小松市の玄関駅にふさわしく、駅前には数多くの路線バスが乗り入れている。北鉄加賀バスの空港連絡線は、当駅と小松空港を直結しているので、札幌・仙台・福岡などから北陸新幹線沿線にアクセスする際にも重宝する。加賀・小松・松任・金沢〜渋谷・八王子間（西東京バス・アルピコ交通）、福井・加賀・小松・金沢〜池袋・新宿・TDL間（WILLER EXPRESS）、小松・金沢・富山〜新宿・横浜線（JAMJAMライナー）など、高速バス・ツアーバスも当駅駅前を発着する。

小松駅周辺　観光スポットガイド

サイエンスヒルズこまつ

石川県小松市こまつの杜

　小松駅東口、「ひととものづくり科学館」と「こまつビジネス創造プラザ」の2施設で構成される。科学館ではプラネタリウムや科学関連番組などが上映されるドーム型3Dスタジオ、ものづくり現場と様々な科学体験を展示するワンダーランドがあり、老若男女を問わず楽しめる。2023年2月にオープンした『ラーゴ・ビアンコ』はワンプレートランチが人気。
- 入館料：500円
- 営業時間：9時30分～18時（10～3月は～17時）
- 定休日：月曜（祝日の場合は翌日、GWと夏休みは開館）

松井秀喜ベースボールミュージアム

石川県能美市山口町ロタ58

　能美市出身で読売ジャイアンツやメジャーリーグで活躍した松井秀喜選手の軌跡を紹介する。幼少時から引退までの生い立ちに加え、野球の資料などが豊富に展示され、『松井秀喜と野球』をテーマにした4本の映像を上映する。ミュージアムショップも充実していて、松井選手の母のレシピを忠実に再現した『松井家秘伝のカレー』（練習中・試合前の2種）が話題。野球ファンのみならず楽しめる施設。
- 入館料：400円
- 営業時間：9時30分～18時（10～3月は～17時）
- 定休日：火曜（GWとお盆、1月3～6日は開館）

こまつ曳山交流館みよっさ

石川県小松市八日市町72-3

　毎年5月に小松市で開催される「お旅まつり」で使われる曳山8基のうち2基を交代で常設展示する施設。曳山や小松の歴史や資料、そこで演じられる子供歌舞伎なども紹介。「みよっさ」とは「～してみようよ」という小松の方言だが、伝統芸能を見ると同時に歌舞伎メイク、なりきり衣装、抹茶などの体験メニューもある。事前要予約な体験もあるので、ホームページなどで確認を。
- 入館料：無料（体験は一部有料）
- 営業時間：10～17時
- 定休日：無休、ただし12～3月は水曜（祝日の場合は翌日）

芦城公園

石川県小松市丸の内公園町19

　「芦城」とは加賀藩2代藩主・前田利常公の隠居城として1639（寛永16年）年に再築され、廃藩置県まで現存した小松城の別称。廃城後の1906（明治39）年に三の丸跡を公園化した。2つの池を中心に滝や築山を配した池泉回遊式庭園があり、松の名木をはじめ、桜や藤、ツツジ、ショウブ、サルスベリ、紅葉、雪吊りなど四季折々の風情を楽しむことができる。園内には他にも前田利常像、市立博物館、本陣記念美術館、図書館などもあり、市民の憩いの場としても機能している。小松駅からは徒歩圏内なので、小松市を訪れた際にはぜひ立ち寄りたいスポット。

アパスパ小松

石川県小松市本折町33

　アパホテル『小松グランド』4階にある大浴場で、宿泊者以外でも利用できる。人工温泉だが、大浴場と露天風呂含み男女あわせて10タイプの風呂とサウナおよびレストルームが併設されている。泉質は塩化カルシウム泉で、疲労回復や肩こり、腰痛などに効能あり。別料金になるが16～22時はリラクゼーションで風呂上がりのもみほぐしもできる。かつての駅前銭湯のようなスタイルで旅の途中で立ち寄るのもよいだろう。
- 入館料：1000円（各種割引あり）
- 営業時間：11～24時
- 定休日：年中無休

「安宅の関」こまつ勧進帳の里

小松市安宅町タ140-4

　義経、弁慶、富樫の像に隣接し、『勧進帳ものがたり館』『うみのえき安宅』『ATAKA CAFE』の3施設からなる。『勧進帳ものがたり館』では歌舞伎「勧進帳」のダイジェスト映像を大画面で楽しめるほか、それにまつわる衣装や資料を展示。隈取や歌舞伎ポーズの体験コーナーもあり、歌舞伎の魅力に触れられる。日本の伝統芸能文化を堪能できる施設として人気を集めている。日本海の安宅海岸を望むカフェも好評。
- 営業時間：うみのえき安宅（売店）9～17時　ATAKA CAFÉ 11～21時
- 定休日：水曜（祝日の場合は翌日）

小松駅周辺の新スポット　観光交流センター「Komatsu 九（コマツナイン）」

　小松駅の高架下に設けられた総合施設。ナインという名の通り「人が育つ小松」など9つのコンセプトを掲げて、地域の魅力を発信する目的で設置された。館内は4つのエリアで構成されており、新幹線改札口に最も近いのが「SOUVENIR&CAFE」エリア。観光案内所併設の「小松土産（とさん）店」では、九谷焼や織物などの伝統工芸品から有名パティスリーのお菓子など特産品を販売。在来線改札口に近い「FOOD」エリアは、ご当地のグルメが味わえるフードコート「小松KABULET（カブーレ）」はじめ、金沢カレー、焼きめしなど、5つのテナントが営業。「GALLERY&EVENT」エリアでは弥生土器や工芸品を展示するほか、多目的なレンタルスペースを用意。「CO-WORKING」エリアでは個人ブースや会議室にて交流イベントを図る。

加賀温泉

かがおんせん　Kagaonsen

北陸新幹線新駅ガイド②

開業年月日：1944（昭和19）年10月11日

乗車人員：1,298人（2019年／JR西日本調べ）

構内配線：2面2線（新幹線）・2面4線（在来線）

発車メロディ：松任谷由実氏制作のオリジナル楽曲

駅所在の自治体：石川県加賀市（人口約6万人）

赤瓦の庇が付く待合室。待合室の壁面には九谷焼のタイルを用いた装飾も施された。

高級旅館を思わせる豪壮な和風デザインとなった加賀温泉駅。各種施設の整備も進められており、石川県南部の拠点となることが期待されている。

改札口に隣接して「みどりの窓口」と券売機を設置。駅舎全体が和風モダンなデザインとされ加賀温泉らしさが演出された。

石川県南西部の拠点都市・加賀市南部に位置し、「加賀四湯」を構成する加賀温泉郷のゲートウェイとして観光利用が多い。付近は山中、山代、片山津、粟津と名湯が多数立地しているが、「加賀温泉」との名称の温泉地は存在せず、駅近くには入浴施設もない。開業から長らく作見と称する小規模な駅だったが、1970（昭和45）年に特急停車駅として整備された際に現駅名となった。

駅舎は「温泉郷の風情と城下町の歴史を感じさせる駅」をモチーフとして設計され、全体的に和テイストを演出。伝統的な町並みに見られる縦格子（紅殻格子）と瓦屋根、白壁の色彩を組み合わせて、温泉郷のおもてなしとくつろぎを感じられるデザインになった。高架下には2024年10月の開業を目指して、観光案内所や各種店舗の設置工事が進められるなど、地域の拠点としての機能が強化される模様。

最速達列車の「かがやき」は1日2往復停車、さらに東京方面と直結する「はくたか」5往復も停車する。

新幹線ホームは2面2線（中央に通過線2線がある）。ホーム番号は11番線と12番線となり、IRいしかわ鉄道との番号重複を回避した。

■加賀温泉駅接続交通情報

IRいしかわ鉄道と接続（乗り換え改札口を通過する必要がある）。温泉街の玄関だけに、各温泉地へ向かうバス路線が乗り入れるほか、予約制の永平寺おでかけ号（京福バス）や、デマンドタクシー「のりあい号」も運行。渋谷マークシティ行き（西東京バス・アルピコ交通）、池袋・新宿・TDL行き（WILLER EXPRESS）、大阪梅田・USJ行き（日本海観光バス）、東京八重洲・TDL行き（中日本ツアーバス）など、高速バス・ツアーバスも当駅駅前を発着する。

加賀温泉駅周辺　観光スポットガイド

九谷焼体験ギャラリーCoCo

石川県加賀市山代温泉18-115甲1

江戸時代から始まった石川県南部の伝統工芸・九谷焼は色絵磁器で、国内外問わず人気がある。山代温泉古総湯の近くにある当館では絵付け体験ができ、無地のカップや茶碗、皿などにお好みの絵を描き、オリジナルの品を作ることができる。他にも地元の若手工芸作家の作品を展示販売し、九谷焼ばかりでなく山中塗りやガラス工芸なども揃い、「未来工芸」という工芸プロジェクトの窓口的役目も担っている。

- ●絵付け体験料：1500円〜（送料別途1000円も必要）
- ●営業時間：9時30分〜17時30分
- ●定休日：木曜（祝日の場合は営業）

大聖寺山之下寺院群

石川県加賀市大聖寺

江戸初期に大聖寺藩が加賀と越前の国境付近に寺院を移転させたエリアで、熊坂川沿いに7つの寺院と加賀神明宮が並ぶ。近年流行りの御朱印めぐりには垂涎のスポットだ。宗派も曹洞宗・日蓮宗・法華宗・浄土宗など多様。実性院は大聖寺藩前田家の菩提寺で、築山池泉式の庭園や9月に咲く萩で知られる。他にも五百羅漢で有名な全昌寺や文化財を有する寺院があるので、加賀温泉を訪れたら一帯の風雅な寺院群の参詣・散策をゆっくり楽しみたい。大聖寺駅から徒歩10分程度だが、加賀温泉駅からもタクシー利用で10分程度と近い。

山代温泉古総湯

石川県加賀市山代温泉18-128

725年、行基による開湯という歴史をもつ山代温泉には、現在2つの総湯（公衆浴場）がある。中でも2010（平成22）年10月に開業した『古総湯』は明治時代の姿で復元され、色鮮やかなステンドグラスの光が湯船に溶け込む。九谷焼のタイルもすばらしい。その前年8月に開業した『総湯』との共通入浴券もあるから、名物の温玉ソフトクリームを頬張りながら湯船をハシゴしたい。

- ●入湯料：500円
- ●営業時間：6〜22時（12〜2月は7〜21時）
- ●定休日：無休（毎月第4水曜は午前休館）

北前船の里資料館

石川県加賀市橋立町イ乙1-1

北前船は江戸から明治にかけて日本海海運で活躍した廻船で、船主屋敷が多く残る加賀橋立地区は重要伝統的建造物群保存地区になっている。その一角にある当館は、1877年に建てられた北前船主・酒谷長兵衛の屋敷を公開し、当時の航海用具や船箪笥、珍しい船絵馬を多数展示する。漆塗りの光沢と屋敷の広さに、当時の豪商の暮らしぶりがうかがえる。1週間前までに予約すれば、館内ガイドが無料で展示解説をしてくれる。

- ●入館料：350円
- ●営業時間：9〜17時
- ●定休日：無休

中谷宇吉郎雪の科学館

石川県加賀市潮津町イ106

片山津温泉北側の柴山潟畔に立ち、世界初の人工雪の結晶を作り出すことに成功した故郷の物理学者・中谷宇吉郎（1900〜62）の功績を称えることを目的に設置された施設。館内では雪と氷にまつわる展示のほか、中谷氏の生涯を綴る記録映画が上映される。他にダイヤモンドダスト（氷晶）と過冷却水の実験や、氷のペンダント作りの体験など、雪と氷の世界に惹き込まれる。

- ●入館料：350円
- ●営業時間：9〜17時
- ●定休日：水曜（祝日の場合は開館）、展示替などによる臨時休館あり

鶴仙渓遊歩道

石川県加賀市山中温泉

山中温泉南部にあり、温泉街を流れる大聖寺川の上流にある「鶴仙渓」に沿って敷設された遊歩道で、こおろぎ橋から黒谷橋までの1.3kmにわたって加賀地方南部の自然美が広がる。渓谷沿いには遊歩道が設けられており、奇岩怪岩や滝、エメラルドグリーンの淵など四季折々の彩りが楽しめる。途中の川床（4〜11月）は弁当や抹茶が味わえるほか、S字型のあやとりはしや芭蕉句碑などの見どころが多い。特に新緑の頃や紅葉の時期は息をのむ渓谷美が堪能できる。ドライブの途中で立ち寄ってみるのもよい。

▌加賀温泉駅周辺の新スポット　アル・プラザ加賀「加賀百撰街」

加賀温泉駅に隣接する「アビオシティ加賀」の土産物店「加賀百撰街」を、新幹線開業に合わせてリニューアル。明るく開放感のあるウッディーな空間に生まれ変わり、レストスペースには大阪の人気ベーカリー「Pianduce Park」がオープン。日常のパン購入としてはもちろん、銘菓「娘娘万頭」、銘酒「常きげん」、名産「宝の麩」や「加賀棒茶」など、北陸地方の個性的な特産品を豊富に取り揃え、お土産選びの選択肢が広がった。また「うつわ工房」では、九谷焼の上絵付やろくろ回しの体験コーナーを設置。スタッフがマンツーマンで指導するので、初心者でも安心して挑戦でき、完成作品は配送も可能。空き時間に思い出のアート作品を作れる絶好の機会になる。

芦原温泉

あわらおんせん　Awaraonsen

北陸新幹線新駅ガイド③

開業年月日：1897（明治30）年9月20日

乗車人員：1,690人（2019年／JR西日本調べ）

構内配線：2面2線（新幹線）・2面3線（在来線）

発車メロディ：堀田庸元氏制作のオリジナル楽曲

駅所在の自治体：福井県あわら市（人口約2万6千人）

福井県北部の観光の拠点としての役割を担う芦原温泉駅。駅周辺には公共施設も多数立地する。

駅舎内も温泉街らしい和の趣を演出。中央部には間接照明を施した折り上げ天井として温かみのある空間とされた。

自由通路には恐竜の足跡が施されており、見た目にも楽しい。

　福井県北端の都市・あわら市中心部にあり、芦原温泉や東尋坊の玄関駅としても機能している。開業から長らく金津駅を名乗っていたが、1972（昭和47）年3月に国鉄三国線（金津〜芦原〜三国間）が廃止されバス転換されたのを機に、芦原温泉駅に改称された。

　北陸本線の拠点駅として発展を重ね、北陸本線の大部分の特急列車がこの駅に停車していた。新駅舎は「あわらの大地に湧き出る贄の駅」をテーマに、温泉の癒しと旅情を表現。素材に福井産の木材や和紙などをふんだんに用い、コンコースは折り上げ天井として間接照明を採用するなど、地域の新たなランドマークに相応しい現代的な建築となった。改札外コンコースにはコンビニ併設の「おみやげ処 芦原」があり、名物「羽二重餅」や駅弁も購入できる。

　新幹線開業が決定して以降、あわら市は「駅から始まる暮らし、出会い、賑わいのまち」をスローガンに駅周辺に公共施設、教育機関の整備を進め、駅周辺の拠点性が強化された。

西口駅前広場に立つ「アフレア」。土産物店や飲食店が入居しており、実質的には駅ビルとして機能する。

新幹線駅らしく広大なスペースが確保されたエントランス。待合スペースも設置された。

■芦原温泉駅接続交通情報

　北陸本線から分離されて発足したハピラインふくいと接続（乗換改札口を通過する必要がある）。路線バスは全て西口ロータリーから発着。廃線になった京福鉄道永平寺線や国鉄三国線の代替路線がメインで、永平寺や東尋坊への直行バスもある。1番乗り場は主に永平寺方面、2番乗り場は東尋坊方面、3番乗り場は三国駅方面と分かりやすい。そのほか観光に便利な予約制「あわらぐるっとタクシー」も利用価値が高い。

芦原温泉駅周辺　観光スポットガイド

あわら温泉「芦湯」

福井県あわら市温泉1-203

温泉街の中心部「あわら温泉湯のまち広場」に面して建つ足湯施設で、5つの浴槽から成る（一度に34人まで入浴可能）。総ひのき造りの建物は大正ロマンをモチーフとして設計され、梅や花菖蒲、芸妓さんを描いた明かり取りのステンドグラスも印象的。泉質の異なる2種類の源泉から新鮮な湯が随時引き込まれており、温泉ファンからの評価も高い。夜は建物全体がライトアップされる。窓口ではタオルも販売されているので、お土産として買い求めるのもよい。

●入湯料：無料　●営業時間：7～23時
●定休日：無休

道の駅 蓮如の里あわら

福井県あわら市吉崎1-801

国道305号線に面して設置される大規模「道の駅」で、蓮如上人を中興の祖とする浄土真宗の拠点・吉崎御坊跡地に近接することから命名された。施設内には、お食事処、農産物直売所、売店、休憩所、観光・道路案内コーナー、シャワールームなどが設置されている。食事処では、あわら市産の「とみつ金時」を用いたパイ、同市産の「福地鶏」を用いたソースかつ丼や卵かけごはん、日本海の新鮮な海の幸など、ご当地食材を用いたメニューが人気。

●営業時間：9時～16時30分
（売店は18時まで）
●定休日：不定休

藤野厳九郎記念館

福井県あわら市温泉1-203

解剖学の学者で、当地に診療所を開設していた医師の藤野厳九郎の遺徳を偲ぶ展示施設。厳九郎は魯迅の「阿Q正伝」に仙台医学専門学校（現東北大学医学部）の「藤野先生」として登場する人物としても著名。記念館の建物は旧芦原町と中国浙江省紹興市（魯迅の出身地）が友好都市となったことを記念して、1979年に藤野家遺族から寄贈された。2011年に現在地に移築された。

●入館料：210円
●開館時間：9～18時
●定休日：火曜・年末年始
（12月28日～1月3日）

金津創作の森美術館

福井県あわら市宮谷57-2-19

旧金津町（現あわら市）が開設した大自然の中にあるアート体験型美術館で、芸術・美術活動の支援・育成も行う施設。メイン施設の美術館アートコアでは、季節ごとに多彩な企画展が実施される。さらに施設内にはガラス工房、陶芸・ろうけつ染めなどの創作工房もあり、創る喜びを心ゆくまで楽しめる。

●入館料：無料
●開館時間：9～17時（美術館アートコア／施設により異なる）
●定休日：月曜（祝日の場合は翌平日）・年末年始

旧森田銀行本店

福井県坂井市三国町南本町3-3-26

地元財界の大立者・森田三郎右衛門が明治時代中期に創立した森田銀行（後に福井銀行と合併）の旧本店建物を公開する展示施設。竣工は1920年で、福井県内に現存する最古の鉄筋コンクリート造建築物で、産業遺産としての価値も高く評価されている。天井の漆喰模様、建物外観はタイル貼りなど細部も良好に残されており、1997年には登録有形文化財に指定された。

●入館料：無料
●開館時間：9～17時（夜間催事がある場合は22時閉館）
●定休日：月曜（祝日は除く）・年末年始

丸岡城

福井県坂井市丸岡町霞町1-59

1576年に柴田勝豊（柴田勝家の甥）が築造した平山城で、霞ヶ城の別名でも知られる。北陸地方では唯一の現存天守（明治以前に築造された天守）として城郭ファンにも人気。建物内には梯子のような急な階段、敵襲に備える「石落とし」「鉄砲穴」などが当時のままに残されている。天守からは丸岡市街地が一望できる。城の周辺は霞ヶ城公園として整備されており、地域住民の憩いの場として親しまれている。

●入城料：450円
●入城時間：8時30分～17時（最終入場は16時30分）
●定休日：無休

▌芦原温泉駅周辺の新スポット
▌いろはゆAWARA

芦原温泉西口の賑わい施設「アフレア」内に2023（令和5）年11月18日にオープン、飲食店と土産物店から成る。内装は芦原温泉の「湯」、「昭和レトロ」、「かるた」がモチーフとされており、エントランスに設置された銭湯をイメージした暖簾もひときわ目を引く。飲食店は、越前おろし蕎麦やソースカツ丼に代表される福井県の郷土料理が提供される「越前みなとの食堂　金しゃり亭」、地元特産の芋菓子を提供する「芋湯らり」、待ち合わせスポットにも最適な「いろはゆ珈琲店」の3店舗。土産物店は地域のおみやげ品を幅広くラインナップ、店内には角打ちコーナー（お酒の立ち飲みコーナー）も設置。駅舎に併設されているので、列車の待ち時間にぜひ立ち寄りスポットだ。

福井
ふくい　Fukui

北陸新幹線新駅ガイド④

開業年月日：1896（明治29）年7月15日

乗車人員：10,301人（2019年／JR西日本調べ）

構内配線：2面2線（新幹線）・2面5線（在来線）

発車メロディ：葉加瀬太郎氏制作の
　　　　　　　Symphonic「悠久の一乗谷」

駅所在の自治体：福井県福井市（人口約25万6千人）

一乗谷朝倉氏遺跡の唐門や永平寺をモチーフとした東口の駅舎。和風テイストの豪壮な駅舎だ。

新幹線ホームに隣接してえちぜん鉄道の福井駅が設置される。

新幹線の改札外通路。都会的で洗練された雰囲気を演出された。

　福井県の県庁所在地・福井市の玄関駅で、駅周辺は行政機関や商業施設の集積度が高い。駅前地区では複数の再開発事業が進められており、県内最高の地上約120mの商業ビルもオープンした。当初、北陸新幹線の福井駅は始発・終着列車の設定や、緩急結合に対応する2面4線で計画されていたが、京福電気鉄道（現・えちぜん鉄道）の存続が決定したことによる用地不足が顕在化したこと、景観問題が浮上したことなどから、1面2線として開業することとなった。

　新幹線開業に合わせて共用を開始した一乗谷口（旧東口）の駅舎は一乗谷朝倉氏遺跡の唐門や永平寺をモチーフとした豪壮なデザインとされた。コンコースの天井部に福井県産木材、柱部分には越前和紙が用いられるなど、地元産の部材を用いながら、和風モダンな雰囲気を演出している。隣接する「ハピリン」や、新規オープンの「CURU-F 福井駅」では豊富な土産物や駅弁の販売コーナーが設置されている。

駅舎に隣接するテラスには恐竜のリアルでかわいいオブジェが設置されており、恐竜王国福井をアピールしている。

1面2線の新幹線ホーム。在来線ホームとえちぜん鉄道福井駅ホームの間に新設された。

▌福井駅接続交通情報

　併設されるハピラインふくい線の福井駅には、同社の列車とJR西日本の越美北線の列車が発着する。新幹線ホームに隣接するえちぜん鉄道福井駅からは同社の三国芦原線・勝山永平寺線の列車が発着。福井鉄道福井停留所からは福武線の列車が発着する。東口ロータリーからは、福井県立図書館・福井県生活学習館・福井市美術館へ向かう無料のフレンドリーバスがある。名古屋行き北陸道特急バス（JR東海バス・名鉄バス・京福バス・福井鉄道）、小松空港行き（京福バス）、永平寺行き直行便（京福バス・福井交通）、京都・大阪行きブルーライナー（日本海観光バス）ほか、横浜・新宿行きキラキラ号（桜交通）など、関東へ直行する高速バスも発着する。バスも、東口ロータリーから50m程離れた木田橋通りの「AOSSA」東側から発着する。

福井駅周辺　観光スポットガイド

養浩館庭園

福井県福井市宝永3-11-36

越前松平家（徳川家康次男の松平秀康が祖）の別邸として江戸前期に造られ、「御泉水屋敷」と呼ばれていたが、明治に入って現在の名称に改めた。国の名勝に指定されており、書院建築と回遊式林泉庭園が見事。最初に入る「櫛形ノ御間」は池に張り出した部屋で屋形船に乗ったような錯覚に陥る。福井の歴史が深く広く学べる福井市立郷土歴史館との共通券もあるので併せて見学したい。

- ●入園料：220円・共通券350円
- ●営業時間：9～19時（11月6日～2月末日は～17時）
- ●定休日：無休

福井市美術館

福井県福井市下馬3-1111

福井駅の南西方向にある下馬中央公園内にあり、郷土出身の彫刻家・高田博厚（1900～87）の作品を収蔵・展示する。建物は建築家・黒川紀章氏の設計で、外壁がほとんどガラスで曲線を多用した有機的な形が目を引く。1階が常設展示に加え、子どもや市民のアトリエ、2階は企画展示室や喫茶コーナー、市民アトリエ、3階が講堂で構成され、市民活動の場の役割を担う。

- ●入館料：100円
- ●営業時間：9時～17時15分
- ●定休日：月曜（祝日の場合は翌日）、祝日の翌日（日曜を除く）

福井市おさごえ民家園

福井県福井市月見5-4-48

足羽三山のひとつ兎越山麓に位置し、福井県内にあった18世紀前後の豪農や庄屋などの古民家5棟と板倉1棟を移築した野外展示施設。各建造物はいずれも福井市指定文化財となっているが、内部も開放されていて自由に見学できる。建物の保存状態はいずれも良好で、昔の暮らしの様子を紹介。当時の家具や生活道具が展示され、江戸時代の農村集落にタイムスリップしたような気分が味わえる。

- ●入園料：110円
- ●営業時間：9時～17時15分
- ●定休日：月曜（祝日の場合は翌日）、祝日の翌日（土・日曜の場合は開園）

福井駅西口恐竜広場

福井県福井市中央1丁目1-1

福井県は恐竜の化石が多数発掘されたことから「恐竜王国」と称されているが、2015年3月には福井駅前に地域のシンボルとして恐竜モニュメントを設置。福井で生息していた実物大のフクイラプトル、フクイサウルス、フクイティタンの3体が精巧に動く。9～21時の間、30分ごとに3分間、当時の生態を再現した特別演出も披露。福井駅西口駅舎壁画には横45m、縦10mの巨大な恐竜画像をラッピングし、夜間には鮮やかにライトアップされる。福井に到着したら、真っ先に訪れておきたいスポットだ。他にも飛び出して見える恐竜トリックアートや恐竜足跡化石、ジュラチックキャラクターモニュメントもある。

亀の井ホテル 福井

福井県福井市渕町43-17

兎越山頂に建ち、白山連峰や福井市街の夜景などを一望できる3階展望大浴場は日帰り入浴を受け付ける。天然鉱石「光明石」が作り出す弱アルカリ性温泉で、疲労回復、健康増進、神経痛、美肌などに効能がある。吹き抜けの庭園レストランで味わえるランチとセットになった「1日のんびりプラン」もリーズナブルで人気がある。福井駅から1日4本の無料送迎バスが発着する。

- ●入湯料：700円
- ●入館時間：10時30分～20時30分（火曜は15時～）
- ●定休日：無休

福井県立恐竜博物館

福井県勝山市村岡町寺尾51-11

「恐竜王国福井」を代表する恐竜展示施設で、2000（平成12）年7月に開館した。勝山市の長尾総合公園内にある。市内で5種の新種恐竜の化石が発見されたことから、市全域が恐竜渓谷ふくい勝山ジオパークに認定されている。ドーム内部は「恐竜の世界」「地球の科学」「生命の歴史」の3つで構成。恐竜の全身骨格化石やリアルに動く恐竜ロボットの迫力に圧倒される。3月16日現在予約制。

- ●入館料：1000円
- ●営業時間：9～17時（夏季は8時30分～18時）
- ●定休日：第2・4水曜（祝日の場合は翌日、夏休み期間は開館）

▍福井駅周辺の新スポット
▍福井屋台村

2024（令和6）年2月にオープンしたばかりのナイトスポット。改札から徒歩約2分、JR福井駅北側の高架下、北陸電力福井支店の斜め向かいにある。主に地元の食材や名物料理を看板にした10店舗が開店しており、客席8～13席の簡易的な建物がワイルドな雰囲気だ。韓国酒店、魚と地酒、たこ焼き・鉄板居酒屋、おばんざいと逸品料理、ホルモン、ラーメンバー、ワインバル、串あげ、小鉢酒場と多彩な店舗がラインナップされた。中でも小鉢酒場の「ユレトロ」は、レトロな琺瑯看板やグッズに囲まれており、店長のキャラも傑作。本格的な割烹の味が楽しめる逸品料理「しおり」、手作りの燻製が嬉しいオーガニック・ワインバー「ヴェレゾン」も人気を集めそうだ。

越前たけふ

えちぜんたけふ　Echizentakefu

北陸新幹線新駅ガイド⑤

開業年月日：2024（令和6）年3月16日
乗車人員：開業直後のためデータなし
構内配線：2面2線（新幹線）
発車メロディ：細川俊夫氏制作のオリジナル楽曲
駅所在の自治体：福井県越前市（人口約7万8千人）

嶺北地方南部の拠点都市・越前市の東郊に設置された越前たけふ駅。

改札外コンコース。天井部分には山並みをデザインした装飾が施された。

待合室のガラスには越前和紙が挟み込まれ、「透かし」の技術を用いて大輪の花を咲かせる絵柄が描かれた。

　北陸新幹線では唯一となる平仮名が入った駅名。最速達列車の「かがやき」が2往復、「はくたか」が5往復停車する。福井県越前市の代表駅であるハピラインふくいの武生駅から東へ、直線距離で約2.7kmの地点に設けられた。路線構想時には当地の駅名は「南越」と仮称されたが、駅名候補選定委員会の検討の結果、現駅名に変更された。これに伴い、福井鉄道の越前武生駅は2023（令和5）年2月に「たけふ新」駅に改称された。駅舎の外観は、越前市に飛来するコウノトリが翼を広げた姿をイメージ。越前和紙の技法、流し漉きの動きも意匠に取り入れているという。

　また1階待合室の壁面には、高さ4.5m、幅10mの越前和紙を屏風状に飾り、美術館のような空間を演出。内装には越前箪笥、越前漆器、越前打刃物など、地元の工芸品を隅々に盛り込んでいる。駅

付近には約600台分の無料駐車場も設置され、「丹南」の新たな拠点となることが期待されている。

北陸新幹線の他の駅と同様、降雪に備えてホームの屋根は建物と一体化された。

▌越前たけふ駅接続情報

　武生市街地には路線バス・タクシーでアクセス。北陸新幹線開業日より西交通広場から、ハピラインふくい武生駅・武生中央公園との間にシャトルバスを1時間に1本の間隔で運行開始。毎週月・火・木・土曜日の8〜17時には事前予約で指定の停留所まで行ける越前市デマンド交通（ジャンボタクシー）もある。また名古屋駅・名鉄バスセンター行きの高速乗合バス（JR東海バス、福鉄高速バス、京福バス、名鉄バス）も発着する。

越前たけふ駅周辺　観光スポットガイド

陽願寺

福井県越前市本町3-10

浄土真宗本願寺派の古刹で、1484年に善鎮上人が開山。寺号は本願寺8代門主・蓮如によって命名された。長く「御堂」と呼ばれる南越地域の大寺院として興隆を極めたが、幕末の大火によって本堂や庫裏を焼失し再建。2020年8月には本堂、庫裏など9棟が国登録有形文化財となった。一般拝観とガイドが付く特別拝観コース（要予約）がある。江戸末期作庭の庭園もすばらしい。

- ●拝観料：500円（一般）
- ●拝観時間：9〜16時
- ●拝観受付：4〜12月の土・日曜、祝日のみ

紫ゆかりの館

福井県越前市東千福町21-12

大河ドラマ『光る君へ』の主人公・紫式部が父の藤原為時とともに一時期、越前で過ごしたことにちなみ、2021年4月にリニューアルオープンした展示施設。周囲は紫式部公園として全国唯一の寝殿造庭園があり、園内には黄金の紫式部像や歌碑が立つ。館内は紫式部が青春を過ごした時代を再現し、アニメ映像や紙人形の行列などで平安絵巻を満喫できる。伝統的工芸品を学び・体験できるイベントも随時開催される。

- ●入館料：無料
- ●営業時間：9〜17時
- ●定休日：月曜（祝日の場合は翌平日）

かこさとし ふるさと絵本館「砳（らく）」

福井県越前市高瀬1-14-7

絵本作家として活躍した、かこさとし氏（1926〜2018）の生まれ故郷に2013年4月にオープンした展示施設。かこ氏作品を含む約5000冊の絵本、紙芝居、雑誌などが閲覧できる「えほんのへや」、かこ氏の原画や生涯の写真等を紹介する「もとのえをみるへや」、遊戯室で読み聞かせや工作教室、音楽会などが催される「あそびのへや」などがあり、子どもたちはもちろん大人も童心に帰ることができる。

- ●入館料：無料
- ●営業時間：10〜18時
- ●定休日：火曜（祝日の場合は翌平日）、展示替などによる臨時休館あり

村国山　山頂展望台（芦山公園）

福井県越前市村国町

駅西側にある標高239mの村国山は、市民の散歩コースとして人気を集めている。地域有数の夜景スポットとして知られており、空中にせり出した八角展望台は四方のパノラマが楽しめる。山頂までは麓から徒歩だと1時間を要するが、車でも山頂付近まで直接アクセスすることができる。山頂の展望台からは北陸新幹線の高架区間も一望できる。山は芦山公園として整備され、約2000本のソメイヨシノが咲き誇る。山全体はジュラ紀頃の船津型花崗岩類と呼ばれる古い岩盤で、地質学的にも見どころが多い。古墳群や城跡などの遺構もみられる。

しきぶ温泉湯楽里（ゆらり）

福井県越前市白崎町68-8

駅から徒歩圏内にある日帰り入浴施設。館内には10種類のお風呂があり、ぬる湯（36度）から熱湯（45度）まで温度設定もバラエティに富む。泉質はナトリウム炭酸水素塩泉で、皮膚の脂肪や分泌物をよく乳化して洗い流すために皮膚が清浄になることから「美人の湯」と言われている。人気のサウナ・水風呂・外気浴エリアも完備。1日2往復、駅から無料シャトルバスも運行される。

- ●入湯料：650円（土・日曜、祝日は750円）
- ●営業時間：6〜23時（休館日は6〜9時のみ営業、休館翌日は9時〜の営業）
- ●定休日：第2水曜（祝日の場合は翌日）

越前和紙の里

福井県越前市新在家町8-44（紙の文化博物館）

「紙の文化博物館」「卯立の工芸館」「パピルス館」を始めとする越前和紙の関連施設が集中するエリアの総称。和紙を学んで、知って、体験できる複合施設として福井県を代表する観光名所にも数えられている。職人技の見学（卯立の工芸館）や、紙漉きを実際に体験できる施設（パピルス館）もあり、国内でも有数の品質を誇る「越前和紙」の真髄に触れることができる。

- ●入館料：300円（紙の文化博物館・卯立の工芸館）
- ●営業時間：9時30分〜17時
- ●定休日：火曜

▌越前たけふ駅周辺の新スポット
▌道の駅越前たけふ

北陸新幹線敦賀延伸時に開業した新駅に隣接する道の駅が同時開業。1階に観光案内所と飲食・物販エリア、2階は飲食施設が入り、寿司や海鮮料理など、近場の港から新鮮な魚介が提供されるほか、地元グルメの越前おろし蕎麦やソースカツ丼なども味わえる。魚介や若狭牛などを買って、その場で焼いて食すBBQ施設（要予約）もある。充実した施設を備えることから、駅ビルのような機能を果たすことが期待されている。

敦 賀

つるが　Tsuruga

北陸新幹線新駅ガイド⑥

開業年月日：1882（明治15）年3月10日

乗車人員：3,374人（2019年／JR西日本調べ）

構内配線：2面4線（新幹線）／3面7線（在来線）

発車メロディ：佐淡豊氏制作の

「来い来い敦賀」（オリジナル曲）

駅所在の自治体：福井県敦賀市（人口約6万2千人）

嶺南地方の新たな拠点として整備された敦賀駅の新駅舎。流麗なデザインは地域の街並みにも溶け込んでいる。

コンコース周辺は混雑時にも対応できるよう、十分なスペースが確保された。

コンコースの柱のうち12本には中国の故事などを描いたガラス板が展示された。これは氣比神宮例祭で巡行される山車の水引幕をモチーフとしたものである。

福井県嶺南地方の拠点都市・敦賀市の玄関駅。新幹線開業に合わせて改築された5代目駅舎は「空にうかぶ〜自然に囲まれ、港を望む駅」をコンセプトに設計。ガラス面と白い壁で敦賀湾の波のきらめきを表現。新幹線側の東口を「やまなみ口」、在来線側の西口を「まちなみ口」と命名し、前者は「山の緑色」、後者は「海の青色」をモチーフにデザインされた。新幹線駅舎の直下にはコンコース、1階部分には在来線特急ホームが設置され、乗り換え時間の短縮化が図られている。そのため、駅舎の全高は全国の新幹線駅では最も高い37mとなった。

新幹線ホームは船の甲板を模した木目調。コンコースには中国の故事を描いたガラス板が展示、壁にはレールが埋め込まれるなど、かつて日本とヨーロッパを結んでいた「欧亜国際連絡列車」の発着駅にふさわしい、遊び心も盛り込まれている。

ホーム階の側壁部分には大型のガラス窓が設置され、市街地や敦賀平野を一望できる。

新幹線ホームには木目調の床材が敷き詰められ、都会的で洗練された雰囲気が演出された。

▮敦賀駅接続交通情報

　湖西線を経由して敦賀と京都・大阪方面を結ぶ特急「サンダーバード」と、北陸本線・東海道本線を経由して敦賀と名古屋を結ぶ特急「しらさぎ」は特急専用ホーム、JR西日本の在来線である北陸本線（米原〜敦賀間）、小浜線（敦賀〜東舞鶴間）と、今回の新幹線開業により発足した「ハピラインふくい」（敦賀〜大聖寺間）は在来線ホームから発着する。駅前は路線バスの拠点となっており、「敦賀停留所」からは福井鉄道の路線バス、丹生・白木方面の菅浜線、美浜駅前方面の若狭線、フェリーターミナル行きのフェリー線の運行のほか、ぐるっと敦賀周遊バス、敦賀市コミュニティバス11路線（福井鉄道・敦賀海陸運輸・敦賀観光バス）ほか、貸切の今庄365スキー場（温泉）直行バスが発着している。

敦賀駅周辺　観光スポットガイド

氣比神宮

福井県敦賀市曙町11-68

北陸道総鎮守と称される古社で、古代702年の創建と伝わる。高さ約11mの大鳥居は1645年に再建されたもので、日本三大鳥居のひとつとして国の重要文化財に指定。伊奢沙別命（いざさわけのみこと）を主祭神とし7柱の神々を祀り、摂社5社、末社9社の計14社が境内にある。境内には市の天然記念物に指定されているユーカリ樹や、パワースポットとして話題を集めた長命水が湧出する。毎年9月4日の例大祭は、敦賀まつりと合わせて多くの人出で賑わう。
- ●開門時間：5〜17時（10〜3月は6時〜）

気比の松原

福井県敦賀市松島町

日本三大松原のひとつで国の名勝のほか、日本の白砂青松100選、日本の名松100選、日本の自然100選などにも選定されている。敦賀湾西側に面し、長さ約1.5km、広さ約34万㎡に樹齢約200年の赤松・黒松が約1万7000本連なる。夏場は海水浴場としても賑わい、毎年8月16日に行われる「とうろう流しと大花火大会」でも知られる。古くから『万葉集』『日本書紀』にも詠まれるほど、多くの歌人・文化人に愛され、高浜虚子はじめ多くの歌碑や記念碑も点在する。散策ルートも整備されており、北陸旅行の際にはぜひ立ち寄りたい景勝地だ。

敦賀市立博物館

福井県敦賀市相生町7-8

敦賀市中心部の旧市街地に立つ歴史民俗系の総合博物館（敦賀駅から徒歩25分）。郷土、歴史資料、民俗資料に加え、港湾関係の展示、俳句・俳諧についての展示も充実している。さらに、近世・近代絵画のコレクションは県内屈指の規模を誇る。建物は1927年に竣工した旧大和田銀行本店を転用したもので、昭和初期のコンクリート建築様式を今に伝える。2017年には国の重要文化財に指定された。
- ●入館料：300円
- ●営業時間：9〜17時
- ●定休日：月曜（祝日の場合は翌日）

中郷古墳群

福井県敦賀市坂ノ下

敦賀駅の南東、敦賀平野を見下ろす場所にあり、4〜6世紀に造られた向出山古墳群と明神山古墳群からなり、計8基が国の史跡に指定されている。最も有名なのが向出山1号墳で、径60m、高さ9mの規模をもち、墳頂に2つの竪穴式石室が見られる。『北国グランドホテル』から徒歩圏内なので併せて巡るとよい。出土した多数の副葬品などは市内三島町1丁目の八幡神社にある私設の敦賀郷土博物館（福井県敦賀市三島町1丁目）に展示されている。
- ●敦賀郷土博物館入館料：200円
- ●同館営業時間：9〜17時
- ●同館定休日：無休

敦賀トンネル温泉 北国グランドホテル

福井県敦賀市中80号1-3

北陸トンネル掘削中の1960年に湧出した温泉。かつては10軒ほどあった温泉旅館も、現在の宿泊施設は『北国グランドホテル』のみ。当ホテルでは開放感ある展望大浴場が評判で、日帰り入浴も行っている。また2022年4月から営業再開した『敦賀きらめき温泉リラ・ポート』は日帰り入浴の専用施設で、露天風呂やバーデプール、リラックススペースがあり一日くつろげる。
- ●北国グランドホテル入湯料：1000円
- ●同館営業時間：7〜10時／13〜21時（掃除の時間によって前後する）
- ●同館定休日：無休

日本海さかな街

福井県敦賀市若葉町1-1539

地元の水産業者を中心に約60店舗が軒を連ねる日本海側最大級の海鮮市場。海鮮丼や寿司など旬の日本海の幸が味わえる食事処や鮮度抜群の魚介、水産加工の珍味や昆布、羽二重餅をはじめとする福井の銘菓店まで、おみやげ類も充実しており、買い物や食べ歩きが思う存分楽しめる。敦賀駅前から「ぐるっと敦賀 周遊バス」がアクセスする。
- ●営業時間：10〜18時（※店舗により8時30分頃より順次開店、夏季は18時以降も営業する店舗あり）
- ●定休日：施設点検日のみ休（ホームページで確認）。7〜8月、11〜12月は無休

■敦賀駅周辺の新スポット　otta

ホテル、飲食店、物販店、託児所などの子育て支援が整備された総合施設。芝生が広がる「駅西広場公園」を中心に置き、駅と各施設をキャノピーと呼ばれるひさしで繋ぎ回遊性を高めた。食事処は本場の海の幸を堪能できる「魚とごはん ますよね」や「丼屋　荘兵衛」ほか、飲むわらびもちなど新感覚のスイーツ「とろり天使のわらびもち」や日本茶カフェ「中道源蔵茶舗」など、和のテイストを中心に出店。物販は福井県の特産品である小鯛ささ漬や鯖のへしこの「若狭小浜丸海」、おぼろ昆布の「奥井海生堂」など、地元の特産品を扱う店舗が多い。イタリアンの「茹で上げ 生パスタ＆ステーキバル Buono Sorriso」や焼きたてパンの「BAKERYS＋」なども人気を集めそうだ。

敦賀港線の廃線跡と鉄道展示施設を楽しむ

旧敦賀港駅敷地に隣接する「敦賀れんが」。鉄道模型ジオラマが展示される「ジオラマ館」は地域有数の観光名所となっている。

観光鉄道への転用計画もある敦賀港線。廃線跡は現在も良好な状態で残る。

■現在も良好な状態で残る 港湾アクセス路線の廃線跡

明治初期に港湾が整備された敦賀市は、古くから陸上交通と海上交通の結節点として発展を重ねてきた。敦賀に初めての鉄道が開業したのは1882（明治15）年。当時は全国の幹線鉄道網の建設は緒についたばかりで、新橋〜神戸間の東海道本線も全線開業には至っていなかった。

日本海航路の拠点だった敦賀には京阪神との連絡を円滑とする目的で、他の北陸地方の都市に先駆け、優先的に鉄道が整備された経緯がある。現在は廃線となってしまったが、かつては敦賀駅と港湾の玄関駅・敦賀港駅（開業当時は金ヶ崎駅）の間には船舶利用者向けの鉄道路線が営業していた（当初は長浜〜敦賀間の路線の延長部分として位置づけられていたが、後に北陸本線の支線に改められている）。

1912（明治45）年6月には東京とロンドンを連絡する「欧亜国際連絡列車」の設定が開始された。国内区間では東京（新橋）〜金ヶ崎間を結ぶ列車が運転され、敦賀港からは国際航路敦賀〜ウラジオストク間に接続、さらにシベリア鉄道を経由して欧州各地を結ぶというもので、日本とヨーロッパの到達時間を大幅に短縮している。

長らく大陸への玄関口として活躍していた敦賀港線だが、第二次世界大戦の勃発により、欧亜国際連絡列車は廃止された。戦後の混乱期が明ける頃には国際航空輸送が開始されていたため、欧亜連絡航路は復活することはなかった。敦賀港線は敦賀港港湾地区の貨物専用線として機能していたが、トラック輸送の伸長に伴い輸送量が減少したことから2009（平成21）年に休止、2019（平成31）年4月、正式に廃止となった。

敦賀港線の廃線跡は現在も営業当時の面影を色濃く残しており、橋桁、線路、信号施設、踏切などの鉄道施設が残る区間も多い。線路脇に道路が隣り合う区間もあるので、敦賀を訪れた際にはぜひ見学することをお勧めしたい。旧敦賀港線の線路敷地・施設には観光路線として再活用する動きもあり、今後の動向にも注目が集まる。

■旧敦賀港地区で営業する 2つの鉄道系展示施設

旧敦賀港駅の駅施設・側線の一部は撤去されているが、旧駅敷地南側に隣接する「敦賀赤レンガ倉庫」（敦賀赤レンガ）は、1905（明治38）年に外国人技師の設計により石油貯蔵用の倉庫として建設されたもので、その後、軍の備品倉庫や昆布貯蔵庫としても使用されたことがある歴史的建造物（2009年には北棟・南棟・煉瓦塀が国の登録有形文化財に登録）。

2015（平成27）年10月には北棟が鉄道と港の鉄道模型ジオラマを展示する『ジオラマ館』（入館料大人400円／営業時間9時30分〜17時30分（最終入館は17時）／定休日：水曜）、南棟が近代建築様式を楽しみながら食事ができる『レストラン館』としてリノベーションされ、一般公開が開始された。施設内には往年の急行型気動車キハ28形が静態保存されるなど、鉄道ファンにとっても見どころが多い施設だ。

同じく旧敦賀港駅敷地南側に隣接する「敦賀鉄道資料館」（入場無料／開館：9〜17時／定休日：水曜）は、旧敦賀港駅舎を再現した展示施設で、欧亜国際連絡列車や北陸本線に関する資料が展示されており、鉄道の街・敦賀の歴史を学ぶことができる。戦前の時刻表や鉄道施設の各種機器なども展示されており、産業史博物館としても見どころの多い施設である。

旧敦賀駅の駅舎を再現して整備された敦賀鉄道資料館。北陸本線に関する展示物も充実している。

新幹線とあわせて北陸地方の列車旅を満喫!

北陸地を彩る*魅惑の*列車たち

北陸地方を走行する列車・車両から読者の皆様にお薦めしたい列車・車両をセレクトしてご紹介する。運行状況については2024年2月時点の情報に基づく。掲載列車の中には運転日が不定期の列車もあるので、旅行計画時（指定席購入時）には鉄道会社のオフィシャルウェブサイトでの確認が必須となる。

~べるもんた~

ベル・モンターニュ・エ・メール

景勝地・雨晴海岸を行く「べるもんた」。富山県の海と山の車窓風景が楽しめるレストラン列車として人気。

北アルプスや富山湾の絶景と旬な寿司をダブルで楽しむ

日本海側・立山連峰側の一部座席は車窓風景を堪能できるよう外側に向けて設置される。

「べるもんた」に乗車したらぜひ楽しみたい富山湾の地魚をネタにした寿司。

Information

【チケット購入】
乗車券のほかに座席指定券が必要。ネット予約「e5489（いいごよやく）」やJR駅の「みどりの窓口」などで、乗車日の1カ月前から発売開始。
※車内の食事は乗車3日前の17時までに「VISIT富山県」で事前予約が必要。

【運転】
土曜日は高岡～城端間を2往復、日曜日は高岡・新高岡～氷見間を2往復。

【運賃】
高岡・新高岡～城端間の運賃は大人590円、高岡・新高岡～氷見間の運賃は大人330円。座席指定料金は大人530円、小人260円

　全国を代表するグルメ列車のひとつで、週末や多客期を中心にJR城端線・JR氷見線で運転される。運転開始は2015（平成27）年10月で、大型観光キャンペーン「北陸デスティネーションキャンペーン」の実施に合わせて、キハ40形気動車1両を改造した専用車両を充当する。

　列車名の「ベル・モンターニュ・エ・メール」はフランス語で「美しい山と海」を意味しているが、これは運転区間の車窓から富山湾と立山連峰の眺望が楽しめることにちなむ。周知を進めるとともに親しみ感を演出するために、運転開始と同時に副愛称「ベ

るもんた」が制定された。

　外装はダークグリーンの車体にメタリックゴールドの帯。先頭には列車のロゴマークが描かれている。アイコンとしてエンブレム風のヘッドマークが掲出されており、撮影対象としても人気を集めている。

　この列車の個性を際立たせる要素に、寿司職人が乗り込み握りたての寿司を提供するというサービスが実施される点が挙げられる。近年のグルメ列車でも車内で調理した料理を提供するケースは少なくないが、この列車のように遮蔽物なしで客室と一体化した調理スペースは例がなく、

臨場感あふれる職人の腕さばきを間近で楽しめる。

　車内は和風テイストで統一され、木の素材を多用するとともに、壁面や座席はシックなダークグリーンで統一されている。沿線の伝統工芸品「井波彫刻」や「高岡銅器」をイメージした吊り革の装飾物など、地域性も随所に反映されている。

　沿線の海岸や山々、散居村など四季折々の美しい車窓の風景を楽しめるよう、車体の海側・立山連峰側には窓幅約2.5mという大型窓が2カ所設けられている。窓を額縁に見立て、車窓を一枚の絵画のよ

木の素材を多用した現代的なデザインの室内。シートモケットのダークグリーンが高級感を演出している。

寿司職人がその場で握るサービスが提供される「べるもんた」。

井波彫刻の装飾作品が設置されるなど、車内は和風テイストで統一されている。

最大幅約2.52mという大型窓の設置により、風光明媚な沿線風景を車内から堪能できる。

吊り手には、高岡銅器をイメージする銅箔と、沿線自治体にちなむ図柄が装飾された。

うに見せる演出で、「走るギャラリー」と呼ばれる所以だ。

座席は海側・立山連峰側を向いた1人掛けのカウンター席と、大型のテーブルを設けた4人掛けのボックス席がある(一部は2人掛け座席)。乗車券、座席指定券で乗車できるが、車内で食事などのサービスを受けるにはネットで事前予約が必要となる。

車内提供の飲食プランは全6種類が設定されている。

「ぷち富山湾鮨と富山の逸品セット」は富山湾鮨5貫・富山の逸品1点・氷見はとむぎ茶のセット。寿司は車内の鮨カウンターで寿司職人が握った出来立てのもの

が提供される。「ほろ酔いセット」は沿線4市のおつまみ4種類・沿線地酒1杯。富山県は山に囲まれ良質な水源に恵まれており、米作りはもちろん酒造りにも適した土地柄である。「飲み比べセット」は沿線の地酒3種を提供。ほろ酔いではなく、じっくり飲みたい方におすすめ。「おみやげセット」は沿線のおみやげ3種類以上のセット。地元でしか買えない逸品が揃っている。「ぷち富山湾丼セット」は富山湾で揚がる新鮮な地魚と富山県産米による丼と氷見はとむぎ茶のセット。「白エビと紅ズワイ蟹のお造り」は富山湾の宝石と呼ばれる白エビと紅ズワイ蟹によるお造り。

次に各区間の車窓風景をご紹介しよう。高岡〜城端間を走る城端線区間は、高岡都市圏を抜けると、左側に立山連峰を眺めながら砺波平野を南に向かって進んで行く。砺波駅を出ると砺波平野独特の

美しい散村風景が広がる。散居村と呼ばれ、田んぼの真ん中に独立して防風林に囲まれた農家がある昔ながらの美しい田園風景だ。砺波平野はチューリップの球根の一大産地として知られており、春先には車窓をチューリップが埋め尽くす。菜の花、コスモス、秋の金色の稲穂など四季折々車窓を楽しませてくれるため、"常花線"と呼ぶこともあるそうだ。

高岡〜氷見間を走る氷見線区間は、高岡駅から住宅地や工場を抜けながら。越中国分駅を出ると富山湾沿いの区間となる。海の向こうには立山連峰を眺めることができる。景勝地・雨晴海岸では徐行運転のサービスが行われる。

富山県を代表する絶景が車窓いっぱいに広がる列車の中で目の前に広がる海で獲れた魚に舌鼓を打ちつつ、最高に贅沢な時間を過ごせることだろう。

花嫁のれん

北陸の和と美を満喫しながら
絶品料理を心行くまで味わい尽くす

能登地方の観光活性化に大きく寄与している特急「花嫁のれん」。一日も早い運転再開が実現することを心から願いたい。

運転開始当初、金沢駅には嫁入り道具の「花嫁のれん」が展示され、暖簾くぐり体験も楽しむことができた。

観光列車らしく金沢と和倉温泉の両駅では「花嫁のれん」の法被を着たスタッフによるお見送りが実施される。

Information

【チケット購入】
全席指定の特急列車なので乗車券のほかに指定席特急券が必要。ネット予約「e5489（いいごよやく）」やJR駅の「みどりの窓口」などで、乗車日の1カ月前から発売開始。
※車内の食事は乗車4日前までに事前予約が必要。
【運転】
現在は休止中。能登半島地震以前は、金沢〜和倉温泉間に、金・土・日・祝日を中心に1日2往復が運転されていた。
【運賃】
金沢〜和倉温泉間の運賃は大人1410円。この区間の特急の指定席料金1490円（通常期）の支払いが別途必要となる。

伝統工芸をモチーフとした
純和風テイストの観光列車

　金沢〜和倉温泉間（IRいしかわ鉄道・JR七尾線）を走る観光列車（列車種別は特急）で、土日祝日を中心に設定される。運転開始は2015（平成27）年の10月、大型観光キャンペーン「北陸デスティネーションキャンペーン」の開催に合わせて新設されている。

　列車名はこの地域の婚礼時に用いられる暖簾「花嫁のれん」（花嫁の実家が嫁ぎ先に贈答した暖簾を、婚礼前に嫁ぎ先でくぐると花嫁が幸せになれるという伝承に基づく風習）をモチーフに命名された。「和と美のおもてなし」をコンセプトに据え、古都金沢と国内有数のパワースポット能登を結ぶ列車に相応しい内外装が追求された。

　車両には国鉄末期に登場した一般型気動車キハ48形の改造による専用編成（2両編成）が投入された。外装は石川県の伝統工芸である加賀友禅の赤と輪島塗の黒がイメージされ、窓の上下にも加賀友禅の絵柄をモチーフとした装飾が施された。

　先頭部に掲出されるヘッドマークは石川県の伝統工芸「加賀水引」をモチーフに、花嫁のれんをくぐる神聖で幸せな気持ちをデザイン化したもので、この列車が「女性の幸せを願う列車」であることにちなんで制作された。

　内装も純和風デザインとされ、高級旅館を思わせる豪壮なものとされた。1号車は8つの個室（非密閉型）で構成されており、4人席の「桜梅の間」「撫子の間」「青の間」、3人席の「扇絵の間」「笹の間」、2人席の「鉄線の間」「錦秋の間」「菊の間」と、それぞれの個室に和風旅館のような名称

豪華絢爛な内装は、全国の観光列車の中にあっても際立った存在感を放つ。

和倉温泉の高級旅館「加賀屋」がデザインした和服を着るアテンダント。車内の和テイストな雰囲気に溶け込んでいる。

開放席には窓側に設置された座席も設置され、小グループにも好評。

石川県の伝統工芸「加賀水引」をモチーフとしたシンボルマーク。

七尾と和倉温泉では、のと鉄道の「のと里山里海号」と接続。両列車とも本書発売時点では運転休止が続いている。

が付く。

2号車はオープン座席となっているが、テーブルを設けた席や窓向きに設置された座席などバラエティに富んでいる。車内の一部に金沢金箔で装飾された壁面もあり、豪華絢爛な室内インテリアに華を添えている。

フリースペースの設備も充実しており、1号車エントランスには「伝統工芸品展示コーナー」が設置され、「加賀水引」「輪島塗」「加賀手まり」など石川県を代表する伝統工芸品から厳選された逸品を展示。このほか、イベントスペースでは定期的に乗客向けの各種イベントを実施、カウンターでは各種飲食品やオリジナルグッズが販売される。

列車にはアテンダントが乗車して接客を担当、和倉温泉のホテル加賀屋が監修した和装の出で立ちで乗客を迎える。このほか、車内サービス全体の監修も加賀屋

が担当した。

そして、供食サービスが充実しているのもこの列車のもう一つの魅力だ。列車によってメニューが異なっており、「花嫁のれん」1・2号では「スイーツセット」か「和軽食セット」、「花嫁のれん」3・4号では「スイーツセット」か「ほろよいセット」のどちらかから選択できる。

「スイーツセット」は七尾市出身のパティシエ辻口博啓氏監修の生菓子・焼き菓子とソフトドリンクのセット。「和軽食セット」は約200年の歴史を誇る金沢市の老舗料亭「大友楼」の手掛けた加賀の郷土料理などとソフトドリンクのセット。「ほろよいセット」は「大友楼」の手掛けた和総菜、おつまみと能登の酒造メーカーの地酒のセットである。各種メニューは全て「tabiwa by WESTER」での事前予約が必要となる。

この列車の車窓風景は都市型街区、田園風景、里山風景とバラエティに富む。

金沢駅を出ると津幡駅まではIRいしかわ鉄道線を走る。高架区間では中核都市・金沢市の市街地が一望できる。津幡駅を出るとJR七尾線区間となる。

ほどなくして車窓右側に見える宝達山は、江戸時代に金山があったことにちなんだ命名。標高は637mながらも能登半島では最高峰となる。

能登半島を分け入ると列車はやがて田園地帯へ。春先には空色を反射した水田、夏には青々とした水稲、秋には黄金色をした稲穂が目を楽しませてくれる。羽咋駅、七尾駅と停車して終点和倉温泉駅では、のと鉄道に乗り換えることができる。

「花嫁のれん」と同じ区間に設定される定期特急列車「能登かがり火」がこの区間を約1時間で走破するのに対し、乗ること自体を楽しむことを目的としているこの列車は、途中駅の停車時間を長く取るため約1時間20分で運行される。

一万三千尺物語

あいの風とやま鉄道

早月川橋梁を行く「一万三千尺物語」。本格的レストラントレインとして高い注目度を獲得。富山観光の目玉としても注目を集めている。

高低差4000mをテーマとした観光列車
富山の地産品の絶品料理に舌鼓

「1号 富山湾鮨コース」では、地の魚をふんだんに用いた絶品寿司料理が提供される。

「2号 越中懐石コース」では、富山産の食材にこだわった懐石料理を提供。高級和食店の風雅な味が堪能できる。

Information

【チケット購入】
「富山湾鮨コース」と「懐石料理」の2種類がある（乗車のみの設定はない）。専用ウェブサイト、または電話（予約センター／0120-489-130）にて、乗車日の10日前まで販売される。
【運転】
「富山湾鮨コース」「懐石料理コース」とも富山駅発着。土日祝日中心に運転される。
【運賃】
大人16,500円、小人8,000円。

国鉄電車をリノベーション
富山の高級料理を列車で楽しむ

あいの風とやま鉄道の「一万三千尺物語」は、富山県を代表する標高3000メートル級の立山連峰と、水深約1000メートルの富山湾の高低差4000メートルを尺貫法に置き換えた「一万三千尺」がネーミングに使われたグルメ列車。

提供される料理は車内厨房で調理されたもので、"天然の生け簀"と呼ばれる富山湾の新鮮な海の恵みと里山の恵みを味わいながら富山県の雄大な車窓を楽しむこと

をコンセプトにしている。

車両は国鉄時代には北陸本線などで活躍した413系3両編成。2015（平成27）年3月の北陸新幹線金沢延伸開業により旧北陸本線を引き継いだ第三セクター鉄道のあいの風とやま鉄道にJRから譲渡されたレトロな車両である。約1億5000万円をかけて車内外を大改造し、2019（平成31）年4月に運行を開始した。

車体は乗降口を各車1カ所に集約、前後先頭車の山側側面中央には大型の一枚窓を設けて眺望に配慮している。カラーリングは立山連峰の稜線と富山湾の青、

朝日に色付くオレンジ色の塗色として列車のコンセプトを示している。3両とも内装には地元富山の「ひみ里山杉」を用いて木のテイストを全面に打ち出しており、落ち着きとぬくもりの感じられる内装となっている。

1号車と3号車は座席車で、1号車は山側にカウンター席と海側にボックス席、3号車は山側に2人掛け、海側に4人掛けボックスシートを設けている。車体の山側中央に設けられた大型1枚窓からは沿線風景を存分に楽しむことができる。2号車の厨房部分には横長のガラス窓が設けられライブキッチン様式となっている。そのため、

提供される料理は車内の厨房で調理される。板前さんの手際よい手さばきは、通路からガラス越しに見学できる。

3号車の車内。車内で調理された料理はそれぞれの座席に運ばれ、座席に備わる大型テーブルに並べられる。

大型窓からは富山県各地の風光明媚な風景を心ゆくまで楽しめる。

職人が寿司を握る臨場感あふれる様子を通路からも見学することができる。このほか、2号車に飲食物やお土産物を販売する売店、富山県の各市町村の特産品が展示される「ディスプレイコーナー」、観光パンフレットを配布する「市町村案内コーナー」など、列車内には観光客向けの趣向やサービスが多数用意されている。

この列車には2つの運転コースが設定されている。

「1号　富山湾鮨コース」は、富山駅を12時18分に出発し、新潟県境そばの泊駅まで行き、折り返して14時26分に富山駅まで戻ってくる約2時間8分のコース。車内で握りたての「一万三千尺物語」オリ

チューリップ畑を行く「一万三千尺物語」。白い車体と鮮やかに咲き誇る赤いチューリップのコントラストが美しい。

ジナルの富山湾鮨8貫を味わうことができる（提供：富山県鮨商生活衛生同業組合）。

「2号　越中懐石コース」は、富山駅を16時34分に出発し、黒部駅に向かう。14分停車後に折り返すと富山駅を過ぎて高岡駅まで行き、さらに19分停車後に折り返して富山駅に18時50分に戻って来るという約2時間16分のコース。富山湾の恵みと名水の豊富な里山の幸をふんだんに使った和風創作料理を味わうことができる（提供：株式会社五万石）。

料金は1号コース、2号コースとも16,500円（税込／大人）。また、両コースとも締め

のデザートとして生和菓子が提供される。別料金ではあるものの地酒をはじめとしたアルコール類のメニューも充実している。

食事をより美味しくさせる車窓にも注目したい。ほぼ全線にわたり、山側には立山連峰の絶景が広がっている。3月から4月にかけての残雪に覆われた立山連峰の美しさは特筆もの。もう一つの主役である富山湾は、滑川駅から魚津駅、入善駅にかけての区間で見えるかもしれない。富山県は米どころであり、四季折々の田園風景や、春先にはチューリップ畑が車窓に広がる。絶景ポイントではアテンダントによるア

ナウンスがあり、箸を休めて眺望を楽しみたい。日によってはえちごトキめき鉄道に乗り入れ、富山〜糸魚川間を運転する場合がある。予約はまず運転日を調べてからとなる。普段走らない区間を走る「一万三千尺物語号」も楽しいに違いない。

なお、この列車はツアー商品として販売されるため、乗車する際には上記のコースを事前に購入する必要がある（左ページ参照）。食事を予約せずに乗車だけを楽しむこと、予約なしで乗車は不可となるので、事前に同社のオフィシャルウェブなどで情報収集することをお勧めする。

えちごトキめきリゾート
雪月花

国内では例のない大型窓から
新潟県の海と山並みを愛でる

国内最高峰のハイグレードなサービスが提供される「えちごトキめきリゾート雪月花」。上越地方を訪れたらぜひ乗ってみたい列車だ。

「雪月花」で提供される料理の一つ「ソムリエおすすめワインコース」。

「百年料亭熱々釜めしコース」。地ものにこだわりぬいた素晴らしい料理が提供される。

Information

【チケット購入】
乗車する際は食事と乗車券がセットとなったツアー商品の購入が必要となる。予約は同社の専用ウェブサイトから。原則5日前までに申し込む必要がある。

【運転】
上越妙高～妙高高原～糸魚川間で、土日祝日を中心に1日2便運転される。

【運賃】
「通常プラン」は24,800円、「特別地域貢献プラン」は29,800円（大人・小人同額）。2号車の展望ハイデッキは、別途席料15,000円（1グループ）を支払う必要がある。※乗車当日は、えちごトキめき鉄道の特急・急行・快速・普通列車の自由席が乗り放題となる。

最高品質のサービスを提供
唯一無二の観光列車

えちごトキめき鉄道（以下「同社」）が運転する「えちごトキめきリゾート雪月花」（以下「雪月花」）は、国内最高峰の接客設備を有する洗練された車両、オリジナルメニューによる豪華な食事（三段重）を提供する観光列車として、高い人気と知名度を誇る。

運転開始は同社の営業開始の翌年にあたる2016（平成28）年4月。「新潟県にしかない観光列車の決定版をつくり、新しい視点と車窓、五感を楽しむ旅の時間の提供」をコンセプトとして設計された専用編成（ET122形）が充当された。

この列車の構想は同社の営業開始前から新潟県主導で開始されていたが、同社の経営計画策定が開始された2014（平成26）年頃から本格的に始動した。車両の設計デザイン（統括）とプロデュースは同社の車両・各種標記類のデザインを担う川西康之氏（株式会社イチバンセン代表取締役）、接客サービスのプロデュースは新潟県在住のクリエーター岩佐十良氏（株式会社自遊人代表取締役）が担当。ハード・ソフトの両面で最高峰のサービスが追求されることとなった。

同社は2015（平成27）年1月にデザイン案を発表、列車名は公募を経て、「沿線の四季明瞭な土地柄を端的に表現する」との理由から「雪月花」とされた。「雪月花」は四季折々の風雅な眺め、風景の美しさを表す古語で、唐の詩人白居易（白楽天）が「寄殷協律」で詠んだ漢詩がルーツとされ、日本でも古代から詩歌でお馴染みの言葉である。

車体は日本の原風景に調和する「銀朱色」を採用。側面には日本国内では珍し

沿線の新緑風景を楽しむ乗客たち。大型窓から楽しむ車窓は格別だ。

展望ハイデッキからは運転台越しに前面展望や側面展望を楽しむことができる。

アテンダントの接客も「雪月花」の大きな魅力の一つ。車内では車窓案内や観光ガイドも行う。

い大型窓が採用され、室内からの高い眺望性が確保された。内装も国内最高峰のサービスが追求され、高級ホテルのラウンジのような洗練されたデザイン、見た目にも美しく使い勝手の良い部材・調度品が用意された。

1号車は全座席が妙高山・日本海側向きに設置されたラウンジ形式、独立座席とボックスシートがある。運転席後位はフリースペースの展望ハイデッキとされ、運転台越しに前面（後方）の眺望が楽しめる。2号車はレストラン形式で、2人用と4人用のボックス席が配置され、中央部にはそれぞれ大型テーブルが設けられている。

2号車の運転席後位も展望ハイデッキだが、こちらは「コンパートメント」（4人用個室）となっている。2号車にはフリースペースとして"さくらラウンジ"というバーカウンターが設置され、地酒やワイン、生ビール、オリジナルグッズなどを販売する。座席やカウンター、テーブルといった家具類は、お召し列車の製作なども手がけ、技術力の高さに定評のある山形県の家具メーカー・天童木工が製造を担当した。壁面やテー

瀟洒なデザインのフリースペース「さくらラウンジ」。
写真提供：えちごトキめき鉄道

二本木〜妙高高原間の絶景ポイント、白田切鉄橋の車窓に見入る乗客たち。

ブルなどの木材は新潟県の地元ゆかりの越後杉や、樺、桜、ブナなどを使用したほか、金物類は燕・三条のメーカーが製造を担った。このように斬新な内外装を有するこの車両は、2017（平成29）年に鉄道友の会選定の「ローレル賞」を受賞するなど、各方面から高い評価を獲得した。

午前便と午後便が運転されており、午前便は上越妙高駅を出て二本木駅で今や新潟県唯一のスイッチバック（急な勾配を越えるためジグザグに敷かれた線路）を体験し、妙高山を車窓に見ながら妙高高原駅に着く。折り返して直江津駅を通り、日本海を間近に見てトンネルの中にある珍しい駅、筒石駅に停車。そして終点の糸魚川駅に到着する。午後便はその逆のコースで糸魚川駅発の上越妙高駅行きとなる。

旅の楽しみとなる食事はこだわりの逸品ぞろい。この列車の食事は2023「新潟ガストロノミーアワード　飲食店部門100」にも選定されている。午前便と午後便、日にちでも異なっており、午前便は上越市の式場"シェ・トヤ"によるフレンチ「ソムリエおすすめ、ワインコース」、もしくは上越市の式場"デュオ・セレッソ"による和洋中「新潟盛りだくさん、宝石箱コース」。午後便は上越市の"百年料亭　宇喜世"による和食「百年料亭、熱々釜めしコース」、もしくは糸魚川市の"割烹　汐路"による和食「漁港直送、漁師の豪快コース」というバラエティを持つ。

一度の乗車で海と山、両方の絶景を眺めながら食事を楽しむ。日常から離れてなかなか体験できない素敵な旅を満喫したいものだ。

越乃Shu*Kura

地酒王国新潟の魅力を凝縮
車内イベントも満載の観光列車

Information

【チケット購入】
全車指定席なので事前購入が必須。指定席車のうちJR窓口や旅行店で購入できるのは3号車の座席のみなので、ハイシーズンには入手困難になることもある。

【運転】
上越妙高〜十日町間の1日1往復が基本(時期によって異なる)。運転期間は3〜11月の金・土・日・祝日。

【運賃】
快速列車扱いのため特別料金は不要だが、指定席料金が運賃以外に必要となる。上越妙高〜十日町間の場合は運賃が2,320円、指定席料金は510円となるので、合計2,830円となる。

1号車はJR東日本系の旅行会社「びゅう」の専用車両のため、この車両に乗車する際には、当列車が行程に組み込まれた旅行商品を購入する必要がある。

景勝地で長時間停車する青海川駅には、「越乃Shu*Kura」デザインの特製駅名標が設置される。

特急列車並みの接客設備が用意された「越乃Shu*Kura」。

新潟県内の在来線各線の観光活性化を企図して開発された観光列車で、2014(平成26)年5月に運転を開始した。列車・車両のコンセプトは新潟県の名産品である「日本酒」で、愛称の「越」は新潟県の旧国名「越の国」から、Shuは「酒」から、Kuraは「酒蔵」から命名、さらに新潟県の特徴づける「米」「雪」「花」を想起させる記号として「*」が付加された。

列車のキャッチフレーズは「水と大地の贈り物」で、日本酒を始めとする多様な食材を産出する新潟県の地域的な特性のアピールを目的に制定された。専用編成(3両編成)が充当され、1号車と3号車は座席車、2号車は「蔵守—kuramori」と命名される特別車両で構成。1号車には「ら

くらくボックスシート」(4人掛け)、「展望ペアシート」「くつろぎペアシート」(いずれも2人掛け)と3種の独立性の高い座席が用意された。

乗車体験そのものが楽しめるよう内装や各部設備にも趣向が凝らされており、3号車運転室後位には展望スペースが設置される。2号車のサービスカウンターでは、新潟県の日本酒のほか地場の各種飲料品、グッズの販売を実施。さらに、イベントスペースではジャズ生演奏のほか(約

20分)、地元の蔵元によ日本酒イベントが随時開催。このほか、客席を巡回するアテンダントによる日本酒のふるまい酒の提供なども行われる。

列車愛称は運転区間により異なるが、レギュラー運転される上越妙高〜十日町間の列車は「越乃Shu*Kura」として運転。多客期には上越妙高〜越後湯沢間に「ゆざわShu*Kura」、上越妙高〜新潟間に「柳都Shu*Kura」が設定される。

沿線観光活性化を目的に登場した、お酒をテーマとしたユニークな観光列車。車内では各種イベントも実施され、乗車そのものが目的となる楽しい列車。

万葉線
ドラえもんトラム

登場から12年を経て、すっかり高岡の
風景に溶け込んでいる。
写真提供：万葉線 ©Fujiko-Pro

車内の天井にも「ドラえもん」の
キャラクターたちが描かれている。
写真提供：万葉線 ©Fujiko-Pro

人気漫画の世界観を
忠実に再現

富山県高岡市出身の漫画家・藤子・F・不二雄氏（藤本弘氏）の代表作、「ドラえもん」の誕生100年前（2012年9月3日）を記念して運転を開始したキャラクタートレイン。最新鋭車両のMLRVにラッピングを施し、車体デザインに「ドラえもん」の世界観を再現、車体はドラえもんの身体とリボンを具現化した青車体＋赤帯に黄色い鈴の意匠が施されたほか、ドア部分は「どこでもドア」をモチーフとしたピンク色とされた。さらに窓部分にもドラえもんの登場人物たちがラッピングされており、見た目にもとても楽しい車両となった。

内装は青空をイメージした水色とされ、天井には「タケコプター」で空を飛ぶ作中登場キャラクターが、壁面や座席カバーには作中登場の各種「ひみつ道具」が描かれるなど、ドラえもんの世界観が鮮やかに再現されている。定期列車に充当され、運用列車は同社HPで随時公開中。万葉線の本社を始め高岡市内ではドラえもんトラムの各種グッズも販売されているので、乗車後の余韻を頼むためにもぜひ買い求めたい。

JR西日本
忍者ハットリくん列車

高岡を訪れたらぜひ乗車したい「ハットリくん」列車。

愛くるしい忍者が
高岡路を走る

富山県氷見市出身の漫画家・藤子不二雄A氏（安孫子素雄氏）の人気作品『忍者ハットリくん』に登場するキャラクターのラッピングを施した列車で、JR氷見線（高岡～氷見間）、JR城端線（高岡～城端間）で走る。2004（平成16）年の運転開始以来高い人気を誇っており、何度もデザインを変えながら運転が続けられている。現在は2021（令和3）年4月に氷見線・城端線の沿線4市の観光地を旅するラッピングとした1両を加え、計2両が運用されている。

氷見線内ではアニメでハットリくんの声優をしていた堀絢子さんが、ハットリくんの独特の口調「～でござる」で車内放送をしてくれる。

氷見駅から徒歩10分の比美町商店街は「忍者ハットリくんロード」と呼ばれ、からくり時計、モニュメント、石像、アート作品などが展示されており、氷見線と城端線はJR西日本から経営分離され、あいの風とやま鉄道が路線運営を継承することが確定的となっているが、ハットリくん列車が末永く越中路で活躍することを願わずにはいられない。

前面にもハットリくんのキャラクターたちが描かれる。

アルプスエキスプレス

西武レッドアロー号をリノベーションして観光車両として生まれ変わった
「アルプスエキスプレス」。写真提供：富山地方鉄道

元西武鉄道の特急用車両が遊び心にあふれた観光電車に

"富山の大自然との調和"をコンセプトに導入された3両編成の観光列車。富山地方鉄道を舞台とした映画「RAILWAYS（レイルウェイズ）愛を伝えられない大人たちへ」の公開に合わせて2011（平成23）年12月に運行を開始した。映画内にも当車両は登場する。列車名は富山平野から一望できる立山連峰（北アルプス）から命名された。西武鉄道で秩父への特急列車「レッドアロー」として使われていた車体（5000系）を使用しているが、内装は現代風にリノベーションされ、木製の部材が多数用いられた。

1・3号車は、リクライニングシートが並ぶほか、子供向けの外向きのハイデッキシートも設置された。さらに、車端部には大型のテーブルを備えたコンパートメントが設置されている。

2号車は当列車の目玉と言える車両。外向きのカウンター席をはじめとして2人掛けのカップルシート、4人掛けのコンパートメントシート、ベンチシート（ソファー）が設置された。さらに、車窓の風景を「絵画」に見立てた木の窓枠を配するなど、遊び心にも満ちている。

サービスコーナーもあり、地酒や地ビールなどの販売が行われている。3月現在、この列車は運休中だが、一日も早い定期運転の復活が望まれている。

ダブルデッカーエキスプレス

北陸3県では唯一のダブルデッカー車を連結する「ダブルデッカーエキスプレス」。2階席は抜群の眺望性を誇る。写真提供：富山地方鉄道

富山平野の大パノラマが堪能できる2階建て車両

北陸新幹線金沢延伸開業後の域内観光活性化を見越して2013（平成25）年8月に運転を開始した3両編成の観光列車（元京阪3000系を譲受）。この編成は、北陸地方では現在唯一のダブルデッカーとなる。中間車に2階建て車（ダブルデッカー）を組み込むことから、ダブルデッカーエキスプレスと命名された。コロナ禍前までは本線、立山線、不二越・上滝線で運用され、特別料金を必要としない定期列車として運転されており、地域住民からも好評を博した。両先頭車を含め編成全体に京阪特急色が採用されており、ダブルデッカー車の側面には京阪時代の「京都時代祭」のラッピングがそのまま残されている。

座席は3種類が設定されており、1・3号車と2号車のデッキ周辺の座席は横4列の転換式クロスシート。2号車の階下席は横3列のワイドシート、2階席は横4列の固定式クロスシートとされている。

観光列車としての運行時にはアテンダントによる車内アナウンスが実施されており、沿線の美しい車窓が楽しめる配慮がなされている。現在、観光列車としての定期運転は行われていないが、立山連峰を普段とは違ったパノラマビューで満喫できるこの編成の復活を望みたいところだ。

国鉄型観光急行

往年の急行形電車の雰囲気を今に伝える455系＋413系。昭和鉄道情緒を楽しむには最適の列車だ。写真提供：えちごトキめき鉄道

令和に登場した懐かしの急行電車

昭和レトロを楽しめる国鉄型車両を使用した観光列車。JR西日本の七尾線を走っていた車両を購入し、2021(令和3)年7月に運行を開始した。455系1両と413系2両を組み合わせて運転する。

特に糸魚川方の先頭車455系(クハ455)は、動く状態のものとしては1両しか存在しない貴重な車両。413系は急行型電車から近郊形電車に改造された車両で、こちらも国鉄末期の雰囲気を色濃く残す。塗色はローズピンクにクリーム色の国鉄交直流急行色が再現された。

主に土休日に直江津～妙高高原間を往復、その後「急行」1～4号として直江津～市振間を2往復する。「急行」と名乗るものの、列車のコンセプトは「急いで行かない列車」。日本海ひすいラインの絶景区間では徐行運転しながらの景観案内もある。昔ながらの窓を開けることができる車両なので、越後の自然を五感で楽しむことのできる列車だ。

クハ455の車内。往年の国鉄急行形電車の風情を色濃く残す。写真提供：えちごトキめき鉄道

昭和の雰囲気を演出するため、国鉄時代の中吊りポスターも掲出されている。写真提供：えちごトキめき鉄道

アテンダントは地元の女性が中心。ソフト面のサービス向上が鉄道会社の活性化に寄与した例として注目を集めている。写真提供：えちぜん鉄道

えちぜん鉄道
アテンダント乗務列車

地域の鉄道好感度向上にも貢献

福井～勝山間27.8kmを結ぶ勝山永平寺線と福井口～三国港間25.2kmを結ぶ三国芦原線の2路線を営業している第三セクター鉄道。"えち鉄"の愛称で親しまれている。三国芦原線の電車は福井駅へ乗り入れるほか、田原町駅で福井鉄道福武線との相互直通運転を行っている。

愛知環状鉄道やJR東海の飯田線、静岡鉄道などで活躍していた車両が走るほか、車内の楽しいラッピング電車の「恐竜列車」や見た目の可愛らしい「ki-bo(キーボ)」も評判である。

昼間の電車には一部を除きアテンダントが乗務しており、切符の販売や車内アナウンス、お年寄りなどへの乗降のサポートなど多岐にわたるサービスを提供している。その活躍ぶりは多くのマスコミ媒体にも取り上げられている。このサービスは利用者に好評を博しており、地域の鉄道そのものに対する好感度アップにも大きく寄与している。

沿線には県立恐竜博物館や永平寺、芦原温泉などの著名観光地もあるので、福井を訪れた際にはぜひ乗車してみたい。

笑顔でアナウンスをするアテンダント。その温かい接客ぶりは利用者からも高い評価を得ている。写真提供：えちぜん鉄道

トロッコ電車

黒部川の峡谷美を心ゆくまで堪能できる「トロッコ電車」。北陸観光に訪れた際にはぜひとも行程に組み込みたい。

北陸有数の観光スポットに成長
トロッコで楽しむ大自然の絶景

トロッコ車両で満喫する
黒部川の峡谷美

　黒部峡谷鉄道は全国でも珍しいトロッコ列車のみで旅客輸送を行う鉄道路線で、「黒部峡谷トロッコ電車」の愛称で親しまれている。もともとは発電やダムなどの建設資材・人員輸送を目的に設立された産業軌道で、現在も発電所やダムなどの施設維持管理の資材・人員輸送の担い手としても機能している。

1926（大正15）年に開通した宇奈月〜猫又間は、黒部川初の本格的な水力発電施設の猫又ダム・柳河原発電所の建設資材輸送を目的に日本電力株式会社により建設された。その後、さらに上流部での水力発電施設の建設にあわせて鉄道も延伸され、1937（昭和12）年に欅平まで開通した。

　長らく関係者以外には非公開扱いの路線だったが、黒部峡谷の美しい自然は登山客や観光客を呼び込み、この路線に便乗したい者が続出した。そのため、同社は「安全確保は自己責任であること」を認めることを条件に、一般への開放を始めたという。その後、地元からの観光鉄道化を求める声の高まりを受け、1953（昭和28）

オープンエアーの客車は、車内に居ながらにして沿線の大自然と一体化できる。近年は外国人観光客にも人気を集めている。

年には正式に旅客鉄道の営業を開始した。当初は関西電力直営の鉄道だったが、1971（昭和46）年には旅客部門の営業に特化した黒部峡谷鉄道として分社化されている。

車両は、窓がなく解放感のある普通客車（横4列席）と窓付きのリラックス客車（横3列席）の2種類がある。ダイヤは季節によって変わるが、8時台から16時台に概ね1時間に1〜2本運行している。4月から11月にかけて運行されるが、冬期間は積雪のため営業運転していない。

列車は宇奈月駅を出て鉄橋を渡ると宇奈月ダム、うなづき湖と黒部川を右側に見て進む。近くに温泉のある黒薙駅を過ぎて猫又駅手前の、ねずみ返しの岸壁や錦繍関（きんしゅうかん）など景勝地が続く。

Information

【チケット購入】
オンライン予約と電話予約にて対応。乗車日前日の15時まで予約・予約変更が可能。当日購入も可能。

【運転】
運転期間は4月中旬〜11月30日。運行状況などについては同社ホームページで公開。

【運賃】
普通客車の宇奈月〜欅平間の往復運賃は大人4960円、子供2480円。密閉型のリラックス車両は600円の「リラックス車両券」が別途必要になる。

河原から湧き出る温泉で知られる鐘釣駅の手前で鉄橋を渡ると黒部川は左側に移る。小屋平ダムを眺めて終点の欅平駅に到着。当駅では奥鐘橋、河原展望台からの絶景や猿飛峡、祖母谷温泉への大自然を満喫できるハイキングコースもある。

密閉式の「リラックス車両」。春先や晩秋など冷え込む時期や荒天時には特に人気。

ハピラインふくい・IRいしかわ鉄道が開業

（大聖寺〜金沢間）

■整備新幹線延伸で生まれた並行在来線

2024（令和6）年3月16日、北陸新幹線の金沢〜敦賀間の開業に伴い、北陸新幹線の「並行在来線」に該当する北陸本線金沢〜敦賀間の全区間がJR西日本から経営分離され、ハピラインふくい・IRいしかわ鉄道（大聖寺〜金沢間）として再出発を果たした。

並行在来線は、1990（平成2）年12月に政府・与党が整備新幹線の整備を円滑に進めるために導入した定義で、新規に開業するフル規格新幹線（車体幅3.3m程度、車体長25m程度の規格の車両が走行する新幹線路線）と並行する区間の経営を、JRから分離することを可能とした。これにより新規新幹線区間を保有するJR各社は、長距離旅客の新幹線転移により収支構造が変化した在来線の経営を任意に分離（第三セクター鉄道への移管・バス転換）することが可能となった。

■石川県を横断するIRいしかわ鉄道線

今回開業を果たした北陸新幹線金沢〜敦賀間についても先例に従い、いち早く第三セクターが決定しており、石川県区間は既存のIRいしかわ鉄道が、福井県区間は新設会社のハピラインふくいが営業を担うこととなった。

IRいしかわ鉄道は石川県と沿線自治体の出資により2012（平成24）年に設立された。IRはIshikawa Railwayの頭文字であり、"愛ある"鉄道を目指すという思いが込められている。既営業の金沢〜倶利伽羅間（17.8km）はJR時代と同様の高頻度運転を実施するとともに、自社所有の全車両を明るい青色を主体としたカラーリングの521系とするなどサービス改善が奏功し、経営は順調に推移している。

今回移管された大聖寺〜倶利伽羅間は全長64.2kmで営業区間は一気に4倍となる。ダイヤについては金沢で需要が分断される利用動態から、これまでのものが継承されることとなり、全線を通して運行する列車は設定されていない。金沢駅以西では小松駅などとの区間列車を除く、ほとん

ハピラインふくいの521系。カラーリングはピンク基調として、同社のフレッシュなイメージを表現している。

どの列車がハピラインふくいの福井駅まで運行している。

この区間の特急列車の設定がなくなったため、これまで存在した退避（通過待ち）が無くなり、福井〜金沢間ではJR時代と比べて5分前後の時間短縮となった列車も多い。今回の移管に合わせて新駅（西松任駅）も設置されたほか、駅のリニューアルの計画もあり、今後のサービス拡充が期待されている。ファンクラブ（サポーター制度）の「いしてつ愛あーるクラブ」やマスコットキャラクターの「あいまるくん」の設定など、自治体と連携しながら地域に愛される鉄道を目指している。

■福井県側はハピラインふくいに

一方、福井県側に新設されたハピラインふくい鉄道は、2019（令和元）年に福井県並行在来線準備株式会社として設立され、福井県や沿線自治体に加え鉄道・運輸機構や地元企業が出資者に名を連ねた。2022（令和4）年3月、公募によりハピラインふくいとの社名が制定された。

社名は福井県の「福」の英語表現である「ハピネス（しあわせ）」と鉄道路線を示す「ライン」を組み合わせた造語で、「しあわせな福井の未来を創っていきたい」という同社の姿勢を示したものである。営業距離は84.3kmと第三セクター鉄道としては長く、福井、鯖江、武生、敦賀の都市圏輸送の担

い手となることが期待されている。

車両はロゴマークのピンクとグリーンのカラーリングの521系電車を使用している。ダイヤはJR西日本時代をベースとしながらも大幅に改善された。大部分の列車は福井駅で系統が分かれており、全線を通して運行する列車は1.5往復のみとなった。芦原温泉より先に向かう列車は全列車IRいしかわ鉄道に乗り入れて金沢駅まで直通しており、石川県南部と地域的なつながりが深い福井県北部の沿線住民の利便性が確保されている。

こちらも特急列車の通過待ちが無くなったため、JR時代と比べ敦賀〜福井間で10分前後の時間短縮となった列車もある。列車本数も1日102本だったのが131本に増加している。また、朝夕の時間には主要駅のみに停車する快速列車が設定され、敦賀〜福井間を約40分で運行する（普通列車は約50分）など利便性の向上が図られている。福井〜越前花堂間にはJR越美北線の気動車が乗り入れるが、それ以外は全列車に電車が充当される。

来年春以降に王子保〜武生間に新駅「しきぶ」の設置が決定しており、今後さらなる新駅設置の検討も進められている。沿線自治体との連携しながら地域密着経営が追求されていく。

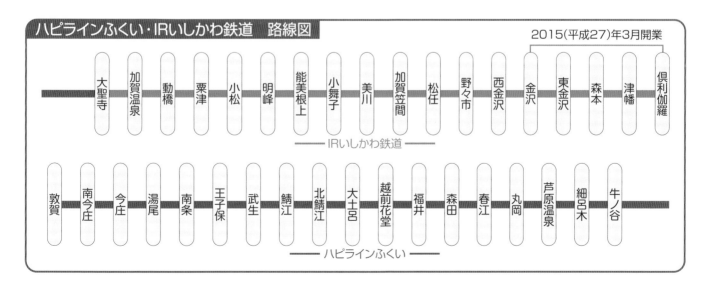

ハピラインふくい・IRいしかわ鉄道　路線図

2015（平成27）年3月開業

大聖寺　加賀温泉　動橋　粟津　小松　明峰　能美根上　小舞子　美川　加賀笠間　松任　野々市　西金沢　金沢　東金沢　森本　津幡　倶利伽羅

—— IRいしかわ鉄道 ——

敦賀　南今庄　今庄　湯尾　南条　王子保　武生　鯖江　北鯖江　大土呂　越前花堂　福井　森田　春江　丸岡　芦原温泉　細呂木　牛ノ谷

—— ハピラインふくい ——

みんなで「のと鉄道」を応援しよう!!

弊社は、"列車の旅"をテーマにした新たな旅行ガイド書を展開しています。

のと鉄道は、シリーズ第一弾の『最新グルメ&リゾート列車ガイド』、第二弾の『グルメ&リゾート列車の旅 パーフェクトガイド』にて、「のと里山里海号」の取材協力をいただき、素敵な記事を掲載することができました。このようなご縁もあり、本書での"のと鉄道応援企画"が実現しました。甚大な被害を受けたにも関わらず、地域のために復旧を急ぎ、4月6日の全線運転再開を目指すのと鉄道に、本書の売上の一部を寄付させていただき、微力ながらその復興に寄与できればと考えております。読者の皆様のご協力に深く感謝申し上げます。

飛鳥出版株式会社

飛鳥出版特設サイト
「グルメ&リゾート列車情報」はこちら!

https://gr-train.com

飛鳥出版ホームページ　　http://asukashuppan.co.jp
飛鳥出版フェイスブック　https://www.facebook.com/asukashuppan/
飛鳥出版Twitter　https://twitter.com/asukashuppan

ASUKAグルメ&リゾートシリーズ
希望と絆を運ぶ"列車の旅"

北陸応援の旅 パーフェクトガイド

2024年4月20日　初版発行

発行人　　黒川文雄
編集人　　牧窪真一
発行所　　飛鳥出版株式会社
　　　　　〒102-0071 東京都千代田区富士見2-3-7 タカオビル
　　　　　TEL 03-3526-2070
印刷所　　モリモト印刷株式会社

Staff
編集・制作　MOMOデザイン
制作協力　　小出文彦　杉田 新　朝倉健介

デザイン　　高橋 隆
地図　　　　ヒナタネスタジオ

取材協力　　のと鉄道株式会社

写真提供　　川井 聡　坪内政実　高橋茂仁

東日本旅客鉄道株式会社　西日本旅客鉄道株式会社
あいの風とやま鉄道株式会社　えちごトキめき鉄道株式会社
えちぜん鉄道株式会社　黒部峡谷鉄道株式会社
富山地方鉄道株式会社　万葉線株式会社